LES 60 MEILLEURS PLATS RÔTIS DU MONDE…
POINT FINAL.
VÉRONIQUE PARADIS

PHOTOGRAPHIE : Antoine Sicotte
DIRECTION ARTISTIQUE : Antoine Sicotte et Véronique Paradis
CONCEPTION VISUELLE : Laurie Auger
DESIGN DE LA COUVERTURE : Laurie Auger
STYLISME CULINAIRE : Véronique Paradis
RÉVISION ET CORRECTION D'ÉPREUVES : Emily Patry et Flavie Léger-Roy

COLLECTION SOUS LA DIRECTION DE : Antoine Ross Trempe

ISBN : 978-2-924155-09-7

©2013, LES ÉDITIONS CARDINAL
Tous droits réservés.

Dépôt legal : 2013
Bibliothèque et Archives du Québec
Bibliothèque et Archives Canada
ISBN : 978-2-924155-09-7

Nous reconnaissons avoir reçu l'aide financière du gouvernement du Canada par l'entremise du Fonds du livre du Canada (FLC) pour nos activités d'éditions ainsi que l'aide du gouvernement du Québec — Programme de crédits d'impôts pour l'édition de livre et Programme d'aide à l'édition et à la promotion — Gestion SODEC.

IMPRIMÉ AU CANADA

Découvrez les titres à venir et bien plus sur :
WWW.FACEBOOK.COM/LES60MEILLEURSDUMONDE

Distributeurs exclusifs
Pour le Canada et les États-Unis

MESSAGERIES ADP
2315, rue de la Province
Longueuil, Québec J4G 1G4
Téléphone : 450 640 1237
Télécopieur : 450 674 6237
Internet www.messageries-adp.com

Pour la France et les autres pays

INTERFORUM EDITIS
Immeuble Paryseine, 3, Allée de la Seine
94854 Ivry CEDEX
Téléphone : 33 (0) 1 49 11 56/91
Télécopieur : 33 (0) 1 49 59 11 33
Service commandes France Métropolitaine
Téléphone : 33 (0) 2 38 32 71 00
Télécopieur : 33 (0) 2 38 32 71 28
Internet : www.interforum.fr
Service commande Export – DOM-TOM
Télécopieur : 33 (0) 2 38 32 78 86
Internet : www.interforum.fr
Courriel : cdes-export@interforum.fr

Pour la Suisse

INTERFORUM EDITIS SUISSE
Case postale 69 – CH 1701 Fribourg – Suisse
Téléphone : 41 (0) 26 460 80 60
Télécopieur : 41 (0) 26 460 80 68
Internet : www.interforumsuisse.ch
Courriel : office@interforumsuisse.ch
Distributeur : OLF S.A.
ZI. 3, Corminboeuf
Case postale 1061 – CH 1701 Fribourg – Suisse
Commandes :
Téléphone : 41 (0) 26 467 53 33
Télécopieur : 41 (0) 26 467 54 66
Internet : www.olf.ch
Courriel : information@olf.ch

Pour la Belgique et le Luxembourg

INTERFORUM BENELUX S.A.
Fond Jean-Pâques, 6
B-1348 Louvain-La-Neuve – Belgique
Téléphone : 32 (0) 10 42 03 20
Télécopieur : 32 (0) 10 41 20 24
Internet : www.interforum.be
Courriel : info@interforum.be

PLATS RÔTIS

LES 60 MEILLEURS
DU MONDE... POINT FINAL.

PLATS RÔTIS

AVERTISSEMENT

Les 60 plats rôtis que vous trouverez dans ce livre sont, *selon nous*, les 60 meilleurs du monde. Notre équipe, composée de chefs, de rédacteurs et de gourmets, est parvenue à distiller le meilleur de ce qui se fait dans le monde pour créer ces 60 meilleurs plats rôtis.

Pour faire ce choix, nous nous sommes principalement basés sur ces critères :

LA QUALITÉ DES INGRÉDIENTS
L'ORIGINALITÉ
LE GOÛT
L'APPARENCE
LA SIMPLICITÉ

Est-ce que ce choix est subjectif? Bien entendu! Mais ce qui est certain, c'est que cette liste des 60 meilleurs a été faite de bonne foi par une équipe de passionnés et de gourmands. Toutes les photos que vous trouverez dans ce livre ont d'ailleurs été réalisées sans trucage et les plats rôtis utilisés pour les photos ont par la suite été dégustés avec enthousiasme par toute l'équipe créative.

En espérant que vous aurez autant de plaisir à découvrir et à utiliser ce livre que nous avons eu de plaisir à le faire.

TABLE DES MATIÈRES

INTRO

Chacun des 60 meilleurs plats rôtis présentés dans cet ouvrage possède une légende de goûts et de coûts (voir la signification des symboles pages 018 et 019) qui aidera vos papilles et votre porte-monnaie à s'y retrouver. Vous trouverez également un lexique de cuisine (page 029), des astuces (page 025) ainsi qu'une liste d'instruments (page 023) qui devraient impérativement se retrouver dans votre cuisine afin de concocter les meilleurs plats rôtis du monde. Une table des matières (pages 010 et 011) et un index des ingrédients (pages 176 à 179) vous guideront aussi dans vos choix.

Enfin, impressionnez vos convives avec l'information contenue dans les capsules « Le saviez-vous ? », avec les trucs décadents et les suggestions d'accompagnements.

Et surtout, bon appétit!

 PIQUANT  GRAS  COÛT

LES SYMBOLES

SENSATION PIQUANTE QUI BRÛLE LA LANGUE

 PEU PIQUANT MODÉRÉMENT PIQUANT PIQUANT

SENSATION ONCTUEUSE, MOELLEUSE ET RICHE EN GRAS

 PEU GRAS MODÉRÉMENT GRAS GRAS

COÛT RELIÉ À L'ACHAT DES INGRÉDIENTS

 PEU COÛTEUX MODÉRÉMENT COÛTEUX COÛTEUX

LA PETITE HISTOIRE DES PLATS RÔTIS

La plupart du temps, on associe le verbe «rôtir» à la viande. Pourtant, il n'y a pas que la viande que l'on puisse rôtir. Par définition, ce verbe implique simplement de cuire un aliment à l'aide d'une source de chaleur sèche, comme celle d'un four, afin de le faire caraméliser par la réaction de Maillard dans le but d'obtenir un aliment tendre et plus savoureux.

Mis à part la viande, l'un des aliments qu'on consomme très souvent rôti est la châtaigne, aussi appelée marron. Il s'agit des fruits du châtaignier, que l'on pèle et dont on perce la base avant de les faire rôtir sur la braise ou au four. Pour certaines populations, notamment dans des régions isolées de Toscane, en Italie, le marron a longtemps été le seul féculent disponible pendant la saison froide.

Les fèves de cacao et les grains de café sont également rôtis pour en développer les arômes au maximum. On privilégie cependant le terme «torréfier» plutôt que «rôtir» quand il s'agit de ces deux aliments.

On peut rôtir à la broche, à l'horizontale, comme dans le cas du méchoui. Ce plat originaire d'Afrique du Nord consiste en un mouton ou un agneau entier rôti et servi au début du repas, à l'occasion d'une fête ou d'un évènement spécial. Traditionnellement, l'hôte prend, avec les doigts de la main droite, des morceaux de viande grillée, et les offre aux invités de marque. On ne se sert d'aucun instrument pour déguster un méchoui, car la viande, que la cuisson lente a presque confite, doit pouvoir être détachée sans aucun effort.

Le rôtissage se fait aussi à la verticale. Les *kebabs* en sont un bon exemple. Cette façon de cuire la viande serait originaire d'Anatolie et aurait été développée à partir du XIXe siècle. La viande — mouton, veau, poulet ou porc — est découpée en tranches de quelques millimètres d'épaisseur et est empilée sur une broche verticale. Des brûleurs situés derrière la colonne de viande permettent de la faire cuire. Une fois cuite, elle est découpée verticalement en fines tranches et présentée dans un pain avec des crudités et une sauce.

Le livre *Les 60 meilleurs plats rôtis du monde... Point final.* vous propose une variété de plats rôtis à servir comme repas ou en accompagnement qui conviendront à toutes les occasions et feront plaisir à votre palais ainsi qu'à celui de vos invités.

LES INSTRUMENTS

INDISPENSABLES POUR RÉUSSIR LES MEILLEURS PLATS RÔTIS DU MONDE

1. Un **couteau du chef** pour hacher et travailler dans la joie.

2. De bonnes **pinces en inox** pour bien manipuler les pièces de viande à saisir.

3. Un **robot culinaire** pour hacher ou broyer les ingrédients rapidement.

4. Un **économe** pour peler les légumes.

5. Un **pilon** et un **mortier** pour broyer les épices à la minute et obtenir des assaisonnements plus savoureux.

6. Une **louche** pour bien arroser vos rôtis en cours de cuisson.

7. Une **petite casserole** pour faire réduire les sauces.

8. Un **pinceau** pour badigeonner les rôtis de laques aux saveurs exquises.

9. Du **papier d'aluminium** pour recouvrir les rôtis au four ou lorsqu'ils reposent.

10. Du **papier parchemin** pour recouvrir les plaques et éviter que les aliments ne collent.

11. Une **rôtissoire** pour confectionner les 60 meilleurs plats rôtis au monde.

12. Une **grande plaque à pâtisserie** pour rôtir les légumes et bien les colorer.

13. Des **gants de cuisinier** pour manipuler sans danger les plats chauds qui sortent du four.

14. Un **thermomètre à cuisson** afin de connaître la température interne des rôtis et obtenir une cuisson parfaite.

15. Une **fourchette à découper** pour trancher vos rôtis avec dextérité.

16. Une **grille à rôtir** pour surélever les rôtis dans leur plat afin d'éviter qu'ils trempent dans leur jus afin d'assurer un rôtissage plus uniforme.

ASTUCES

POUR RÉUSSIR LES MEILLEURS PLATS RÔTIS DU MONDE

1. Lorsqu'il s'agit de rôtis, votre boucher et votre poissonnier sont vos meilleurs alliés, même au supermarché. Demandez-leur conseil, ils sauront vous donner la pièce de viande idéale pour votre recette. Gardez toujours en tête que les ingrédients les plus frais donnent les meilleurs résultats. Mangez frais!

2. Tempérez la viande, sauf la volaille, avant de la faire cuire. La sortir du réfrigérateur 10 à 30 minutes avant la cuisson, selon la grosseur de la pièce, vous aidera à obtenir une cuisson plus uniforme. Pour des questions de bactéries, évitez toutefois de la laisser à température ambiante trop longtemps.

3. Lorsqu'on rôtit un aliment, il faut être méthodique. Un petit truc : placez une note sur la pièce de viande au réfrigérateur vous rappelant de la tempérer et de préchauffer le four pendant ce temps. Vous ferez d'une pierre deux coups!

4. Puisque chaque pièce de viande et chaque four sont différents, procurez-vous un thermomètre. Il n'est pas nécessaire de vous procurer un gadget électronique ultra sophistiqué. Un simple thermomètre à cuisson classique saura vous donner l'heure juste sur vos cuissons.

5. L'arrosage régulier de la viande est une étape-clé pour un rôti juteux à l'intérieur et bien doré à l'extérieur. Il s'agit d'un petit effort supplémentaire, mais vous en serez largement récompensé.

6. Évitez de découper la pièce de viande pour en vérifier la cuisson, car l'entaille laisse échapper le précieux jus de la viande, ce qui rend la chair moins juteuse. Il est préférable d'utiliser un thermomètre qui laisse seulement un tout petit trou.

7. Certaines parties d'une volaille rôtissent plus rapidement, comme les ailerons qui ont tendance à brûler alors que la poitrine est encore crue. Pour une cuisson uniforme, il suffit de couvrir les sections suffisamment rôties avec du papier d'aluminium. Le reste de la volaille continuera à dorer paisiblement et vous obtiendrez des volailles dignes des photos de magazines!

8. Ne négligez pas le temps de repos après la cuisson des viandes rouges, du veau et du porc. Il permet à la viande de se détendre, à la chaleur de se propager jusqu'au cœur de la viande et au sang de s'écouler de la pièce. C'est le secret de tout bon rôti.

9. Si vous choisissez d'accompagner votre rôti d'une sauce du commerce ou de votre cru, n'oubliez jamais de récupérer le jus de cuisson au fond de la rôtissoire. Il s'agit d'un concentré de saveurs qui rehaussera toutes vos créations!

10. Les restants de rôtis ne sont pas nécessairement secs et ennuyants. Transformez-les en sandwichs froids, en paninis, en fajitas, en sautés asiatiques, en plats de pâtes ou en pâtés. Ils sont rapides à cuisiner et tout simplement délicieux!

PARFAIRE SON SAVOIR-FAIRE

LES TEMPÉRATURES ET LES CUISSONS

Puisque chaque four varie en puissance et en précision, le thermomètre reste la méthode la plus précise pour maîtriser la cuisson des viandes. Le thermomètre électronique est de plus en plus répandu et offre une température très précise de la viande, mais le thermomètre classique fait tout aussi bien l'affaire.

Pour prendre adéquatement la température d'une pièce de viande, il suffit d'insérer le thermomètre au cœur de la chair de la viande et de patienter jusqu'à ce que la température cesse de grimper. Évitez d'appuyer le thermomètre sur un os puisque celui-ci faussera les résultats.

Lorsque vous prenez la température d'une volaille, vérifiez non seulement la cuisson de la poitrine, mais aussi celle des cuisses, car ces deux parties cuisent à des vitesses légèrement différentes.

Ne vérifiez pas la température d'une viande deux fois au même endroit : la mesure sera faussée, car la chaleur s'infiltre plus rapidement par l'incision faite précédemment.

TYPE DE VIANDE	TEMPÉRATURE INTERNE AVANT REPOS		
	SAIGNANT	ROSÉ	À POINT
1. POULET	–	–	80°C (176°F)
2. DINDE	–	–	80°C (176°F)
3. PORC	–	58°C (136°F)	65°C (150°F)
4. VEAU	–	55°C (130°F)	60°C (140°F)
5. BŒUF ET AGNEAU	50°C (122°F)	55°C (130°F)	60°C (140°F)

LEXIQUE DE CUISINE

1. ASSAISONNER

Donner de la saveur à une préparation en ajoutant sel et poivre.

2. BLANCHIR

Cuire les légumes dans de l'eau bouillante salée.

3. CISELER

Entailler avec un couteau affûté des échalotes, des oignons ou des herbes aromatiques jusqu'à la racine dans le sens de la longueur, puis sur la largeur, de manière à obtenir de petits cubes.

4. DÉGLACER

Dissoudre à l'aide d'un liquide les sucs caramélisés laissés au fond d'un récipient par une cuisson, dans le but d'obtenir un jus ou une sauce.

5. ÉMINCER

Couper en fines tranches.

6. RÉDUIRE

Faire épaissir par évaporation sur le feu.

7. SAISIR

Cuire à feu vif pendant peu de temps dans un corps gras (beurre ou huile) pour dorer ou colorer un aliment.

8. ZESTER

Extraire le zeste ou l'écorce d'un agrume à l'aide d'un zesteur ou d'un couteau à peler.

9. SAUTER OU REVENIR

Cuire à feu vif un aliment à la poêle ou dans une casserole en remuant.

10. TOMBER

Cuire certains légumes à feu doux avec ou sans corps gras afin de réduire leur volume et d'exprimer une partie de leur eau (ex. : épinards, bette à carde, oignon, oseille, etc.).

11. BADIGEONNER

Enduire une surface d'une fine couche plus ou moins liquide à l'aide d'un pinceau ou du dos d'une cuillère.

12. HACHER

Couper en très petits morceaux à l'aide d'un instrument tranchant (gros couteau ou hachoir électrique).

LE SECRET DES CHEFS

Les goûts et les habitudes alimentaires de chacun varient. Le secret pour réussir les meilleures recettes du monde, selon vos propres goûts et standards, est de **goûter** à vos préparations lorsque vous les cuisinez. **Goûtez** avant et après avoir assaisonné. Ajoutez du piquant ou du citron si vos papilles vous le dictent. Doublez la quantité d'herbes ou de fromage si c'est ce dont vous avez envie! Bref, écoutez votre instinct, fiez-vous à vos sens et surtout, **goûtez** constamment.

Voilà le secret des chefs pour être totalement satisfait de ce que vous mettez sur la table.

CARRÉ DE PORC TOUT GARNI

4 PORTIONS

Préparation : 0h25
Cuisson : 0h50

INGRÉDIENTS POUR LA LAQUE BBQ

60 ml (1/4 tasse) sauce chili du commerce
30 ml (2 c. à soupe) vinaigre de cidre
60 ml (1/4 tasse) cassonade (sucre brun)
3 gousses d'ail, hachées
30 ml (2 c. à soupe) sauce soja

INGRÉDIENTS POUR LE PORC

30 ml (2 c. à soupe) huile végétale
1 carré de porc de 4 côtes
Sel et poivre

INGRÉDIENTS POUR LA GARNITURE

12 pommes de terre grelots, coupées en 2
8 branches de thym frais
2 tomates, coupées en dés
1 oignon, émincé
125 ml (1/2 tasse) vin blanc
250 ml (1 tasse) chorizo, coupé en cubes de 1 cm (1/2 po)

PRÉPARATION

Dans un petit bol, combiner tous les ingrédients de la laque. Réserver.

Dans une poêle, chauffer l'huile végétale à feu vif. Assaisonner le carré de porc, puis saisir sur tous les côtés. Badigeonner la viande avec une partie de la laque.

Disposer tous les ingrédients de la garniture dans un grand plat allant au four. Bien mélanger. Former un nid au centre et y déposer le carré de porc, le côté le plus charnu vers le haut.

Cuire 40 minutes au four à 200°C (400°F). Badigeonner le carré de laque toutes les 10 minutes. Retirer du four et laisser reposer 8 à 10 minutes avant de servir. Découper et servir avec la garniture.

LA DINDE DES FÊTES

10 PORTIONS

LE SAVIEZ-VOUS?

Voici la technique pour cuire les marrons frais : À l'aide d'un couteau, faire une petite entaille dans chacun des marrons. Les placer sur une plaque allant au four et cuire 30 minutes à 220°C (425°F). Laisser tiédir et, à l'aide d'un linge, écraser les marrons afin de retirer leur écorce et d'en recueillir seulement le fruit.

Marinade : 12h00
Préparation : 0h40
Cuisson : 3h00

1 dinde d'environ 4 kg (9 lb)
Eau

INGRÉDIENTS POUR LA SAUMURE À DINDE

8 l (32 tasses) eau
250 ml (1 tasse) gros sel ou sel casher
180 ml (3/4 tasse) sucre
30 ml (2 c. à soupe) paprika doux
30 ml (2 c. à soupe) poivre noir en grains
4 branches de thym frais
2 feuilles de laurier
5 gousses d'ail, écrasées
24 glaçons

INGRÉDIENTS POUR LA FARCE

15 ml (1 c. à soupe) beurre
4 gousses d'ail, hachées
10 champignons de Paris, hachés
20 marrons cuits, hachés grossièrement (voir « Le saviez-vous? »)
30 ml (2 c. à soupe) romarin frais, haché
500 ml (2 tasses) chair à saucisse au choix
1/4 baguette de pain, coupée en cubes de 2 cm (1 po)
2 œufs
80 ml (1/3 tasse) crème 35 % (entière)

PRÉPARATION

Pour la saumure, dans une grande casserole, chauffer 2 litres (8 tasses) d'eau avec tous les ingrédients de la saumure sauf les glaçons. Laisser mijoter 5 minutes à feu doux. Retirer du feu et ajouter le reste de l'eau froide et les glaçons. Remuer. Si le mélange n'est pas complètement froid, le placer au réfrigérateur. Plonger la dinde dans la saumure froide et placer au réfrigérateur pour au moins 12 heures.

Pour la farce, dans une poêle, chauffer le beurre et faire revenir l'ail et les champignons 5 à 6 minutes. Retirer du feu et laisser tiédir. Dans un grand bol, combiner les champignons à tous les autres ingrédients de la farce. Bien mélanger.

Farcir l'intérieur de la dinde. Frotter la peau avec 30 ml (2 c. à soupe) d'huile végétale. Ficeler la dinde et placer sur une grille dans une rôtissoire. Verser 2 cm (1 po) d'eau au fond de la rôtissoire. Cuire 3 heures au four à 175°C (350°F). Arroser la dinde de son jus de cuisson toutes les 30 minutes. Découper et servir.

AGNEAU RÔTI EN FEUILLES

4 PORTIONS

LE SAVIEZ-VOUS?

Après la Renaissance, beaucoup de peintures et de sculptures classiques étaient jugées indécentes en raison de la nudité des personnages dépeints. On ajouta donc des feuilles de vigne pour cacher les parties offensantes des chefs-d'œuvre classiques, comme sur le tableau d'Adam et Ève d'Albrecht Dürer.

Marinade : 4h00 à 12h00
Préparation : 0h30
Cuisson : 3h00

INGRÉDIENTS POUR L'AGNEAU

1 épaule d'agneau désossée
12 feuilles de vigne en pot du commerce

INGRÉDIENTS POUR LA MARINADE AU VIN BLANC

4 gousses d'ail, hachées
60 ml (1/4 tasse) menthe fraîche, hachée
60 ml (1/4 tasse) origan frais, haché
Jus de 1 citron
125 ml (1/2 tasse) vin blanc
60 ml (1/4 tasse) huile d'olive
Sel et poivre

PRÉPARATION

Dans un petit bol, combiner tous les ingrédients de la marinade. Placer l'épaule d'agneau dans un grand contenant et bien l'arroser de la marinade. Couvrir et placer au réfrigérateur pour un minimum de 4 heures.

À l'aide d'un petit couteau, retirer la plus grosse partie des tiges des feuilles de vigne.

Sur une surface de travail, disposer un grand rectangle de papier d'aluminium, côté étroit vers soi. Huiler légèrement le papier, puis disposer les feuilles de vigne en deux couches de manière à former un grand carré.

Retirer la viande de la marinade et l'enrouler sur elle-même pour former un rôti. Placer le rôti sur les feuilles de vigne et utiliser le papier d'aluminium pour l'enrouler dans les feuilles, le plus serré possible. Ficeler le rôti afin de bien maintenir les feuilles de vigne en place. Emballer le tout dans le papier d'aluminium.

Déposer le rôti emballé dans un plat allant au four et verser 2 cm (1 po) d'eau au fond du plat. Couvrir et cuire 3 heures à 175°C (350°F).

À la sortie du four, découper en tranches et servir avec le jus de viande.

DÉLICE HIVERNAL

6 PORTIONS

Préparation : 0h20
Cuisson : 1h00

INGRÉDIENTS

1 navet, pelé et coupé en tronçons de 2 cm (1 po)
2 carottes, pelées et coupées en tronçons de 2 cm (1 po)
1 pomme de terre blanche, rincée et coupée en cubes
de 2 cm (1 po)
1 patate douce, pelée et coupée en cubes de 2 cm (1 po)
1 oignon, coupé en lanières de 1 cm (1/2 po)
2 gousses d'ail, émincées
6 branches de thym frais
1 branche de romarin, effeuillée
80 ml (1/3 tasse) huile d'olive
Sel et poivre

PRÉPARATION

Dans un grand bol, combiner tous les ingrédients. Assaisonner et étaler le tout sur une plaque allant au four. Cuire 1 heure au centre du four à 190°C (375°F). Servir en accompagnement d'un des délicieux rôtis de ce livre.

TRUC DÉCADENT

Il vous reste des légumes rôtis? Faites-en une salade originale! Dans un bol, combinez 500 ml (2 tasses) de légumes à 30 ml (2 c. à soupe) de mayonnaise et 15 ml (1 c. à soupe) de vinaigre de Xérès. Vous pourriez également y ajouter des cubes de jambon cuit ou des œufs cuits durs coupés en quartiers ainsi qu'un peu de moutarde à l'ancienne. Le repas parfait pour votre boîte à lunch!

5

LE BŒUF ANCHO EXPRESSO

8 PORTIONS

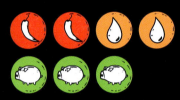

TRUC DÉCADENT

Accompagnez ce rôti d'une bonne poêlée de champignons et d'oignons légèrement déglacés au vinaigre balsamique. La combinaison parfaite!

LE SAVIEZ-VOUS?

Le piment ancho est en fait un piment poblano séché.

Marinade : 2h00
Préparation : 0h15
Cuisson : 1h30

INGRÉDIENTS POUR L'ASSAISONNEMENT ANCHO-EXPRESSO

60 ml (1/4 tasse) cassonade (sucre brun)
30 ml (2 c. à soupe) poudre de piment ancho
30 ml (2 c. à soupe) café expresso, moulu finement
5 ml (1 c. à thé) poudre d'ail
5 ml (1 c. à thé) poudre d'oignon
5 ml (1 c. à thé) sel
1 ml (1/4 c. à thé) coriandre moulue
5 ml (1 c. à thé) poivre noir moulu

INGRÉDIENTS POUR LE BŒUF

1 rôti de côte de bœuf de 2 kg (4 1/2 lb)
30 ml (2 c. à soupe) huile végétale
125 ml (1/2 tasse) vin rouge
125 ml (1/2 tasse) eau

PRÉPARATION

Dans un bol, combiner tous les ingrédients de l'assaisonnement. Frotter la pièce de viande avec le mélange afin de bien faire pénétrer les épices dans la chair.

Mettre dans un contenant, couvrir et réfrigérer 2 heures. Tempérer la viande 30 minutes avant de la mettre au four.

Placer le rôti dans un plat allant au four et arroser d'huile végétale. Verser le vin rouge et l'eau au fond du plat.

Cuire 15 minutes au four à 230°C (450°F). Baisser la tempéra-ture du four à 150°C (300°F) et continuer la cuisson 1 heure. Recouvrir de papier d'aluminium et laisser reposer la viande 10 minutes avant de servir.

LE PORC ORLOFF

6 PORTIONS

Préparation : 0h25
Cuisson : 0h45

INGRÉDIENTS

1 rôti de porc d'environ 1 kg (2,2 lb)
60 ml (1/4 tasse) moutarde à l'ancienne
10 tranches de gouda vieilli
10 tranches de prosciutto
Sel et poivre
4 feuilles de sauge, hachées
60 ml (1/4 tasse) crème 35 % (entière)
125 ml (1/2 tasse) vin blanc

PRÉPARATION

Déficeler le rôti et le découper en tranches de 1 cm (1/2 po) sans couper jusqu'au fond, les tranches doivent rester attachées ensemble. Badigeonner l'intérieur des tranches de moutarde à l'ancienne, puis disposer une tranche de fromage et une tranche de prosciutto entre chaque section. Ficeler le rôti sur la longueur afin de compresser le plus possible les tranches et leur garniture. Assaisonner.

Huiler un plat allant au four et y placer le rôti. Dans un petit bol, combiner la sauge, la crème et le vin blanc. Verser le mélange sur le rôti. Placer au four à 200°C (400°F) pour 45 minutes. Arroser le rôti de son jus toutes les 15 minutes. Trancher et servir avec l'accompagnement de votre choix.

CORNOUAILLES AUX RAISINS CRÉMEUX

4 PORTIONS

Préparation : 0h10
Cuisson : 0h50

INGRÉDIENTS

1 oignon rouge, ciselé
500 ml (2 tasses) raisins rouges sans pépins
150 g (5 oz) fromage à tartiner à l'ail et aux fines herbes
(type Boursin)
2 poulets de Cornouailles
15 ml (1 c. à soupe) huile d'olive
Sel et poivre
15 ml (1 c. à soupe) miel
5 ml (1 c. à thé) vinaigre de Xérès

PRÉPARATION

Dans un bol, mélanger l'oignon et les raisins. Placer le fromage à tartiner à l'intérieur des poulets et les remplir du mélange d'oignon et de raisins. À l'aide de ficelle, attacher les pilons afin de maintenir la farce à l'intérieur des poulets.

Huiler et assaisonner les poulets. Placer dans un plat allant au four et cuire 30 minutes à 175°C (350°F). Dans un petit bol, mélanger le miel et le vinaigre. Arroser les poulets du mélange et remettre au four pour 20 minutes. Servir un poulet pour deux personnes.

LE SAVIEZ-VOUS?

Le poulet de Cornouailles, aussi appelé coquelet, est originaire de la région de Cornouailles en Angleterre. Il s'agit d'un jeune poulet de 30 jours, dont le poids, une fois vidé, ne doit pas excéder 1 kg (2,2 lb).

LES OS
À MOELLE

4 PORTIONS

Marinade : 12h00
Préparation : 0h05
Cuisson : 0h30

INGRÉDIENTS

4 os à moelle de bœuf
4 gousses d'ail, écrasées
4 branches de thym frais
30 ml (2 c. à soupe) huile d'olive
4 tranches de pain de campagne
Fleur de sel nature ou aromatisée

PRÉPARATION

Plonger les os dans deux fois leur volume d'eau. Placer au réfrigérateur et laisser dégorger pour un minimum de 12 heures.

Égoutter et sécher les os, puis les placer sur une plaque allant au four. Couvrir la moelle de chaque os d'une gousse d'ail écrasée et d'une branche de thym. Arroser l'ail avec l'huile d'olive et cuire 30 minutes au four à 200°C (400°F) ou jusqu'à ce qu'un cure-dents traverse la moelle sans difficulté.

Griller les tranches de pain de campagne. Servir chaque os avec une tranche de pain et un peu de fleur de sel.

9

PORC & PÊCHES RÔTIS

2 À 4 PORTIONS

Préparation : 0h15
Cuisson : 0h15

INGRÉDIENTS

15 ml (1 c. à soupe) huile végétale
Sel et poivre
1 filet de porc
3 pêches, dénoyautées et coupées en quartiers
15 ml (1 c. à soupe) beurre
60 ml (1/4 tasse) vinaigre balsamique
15 ml (1 c. à soupe) miel
125 ml (1/2 tasse) bouillon de poulet
1 étoile d'anis
1 bâton de cannelle

PRÉPARATION

Dans une grande poêle, chauffer l'huile à feu vif. Assaisonner le filet de porc et le saisir sur chaque face afin de le colorer. Ajouter les pêches et le beurre, et cuire 30 secondes. Déglacer ensuite au vinaigre balsamique, ajouter le miel et rouler la viande dans le liquide afin de bien l'en enrober.

Placer le filet dans un plat allant au four. Verser le bouillon dans la poêle et bien remuer pour conserver tous les sucs de cuisson. Verser le liquide autour du filet de porc. Disposer les pêches dans le liquide, face coupée vers le haut. Ajouter l'anis et le bâton de cannelle. Placer 15 minutes au four à 200°C (400°F). Servir.

GIGA GIGOT CHAWARMA

8 PORTIONS

TRUC DÉCADENT

Si vous n'avez pas de grille à mettre au fond de votre rôtissoire, utilisez des oignons coupés en rondelles épaisses afin de surélever la pièce de viande!

LE SAVIEZ-VOUS?

Au Moyen-Âge, la fine peau de l'agneau était utilisée comme parchemin, car le papier était une denrée rare et coûteuse.

Marinade : 5h00 à 24h00
Préparation : 0h20
Cuisson : ~2 h00

1 gigot d'agneau ficelé, avec l'os supérieur seulement
Eau

INGRÉDIENTS POUR L'ASSAISONNEMENT CHAWARMA

15 ml (1 c. à soupe) de : poivre noir moulu, coriandre moulue, cumin, paprika doux, sumac et sel
4 clous de girofle
5 ml (1 c. à thé) cardamome moulue
2 ml (1/2 c. à thé) de : cannelle, muscade râpée, gingembre moulu, fenugrec
4 gousses d'ail, hachées
Jus de 1 citron
125 ml (1/2 tasse) huile végétale

INGRÉDIENTS POUR L'ACCOMPAGNEMENT

12 pains pitas
2 oignons, émincés
6 tomates, coupées en cubes
1 botte de coriandre fraîche, hachée grossièrement
1 botte de menthe fraîche, hachée grossièrement
Labneh
Sauce harissa

PRÉPARATION

Dans un bol, combiner tous les ingrédients de l'assaisonnement chawarma.

Frotter la pièce d'agneau avec l'assaisonnement. Emballer le gigot dans une pellicule plastique. Laisser reposer au réfrigérateur de 5 à 24 heures.

Placer la pièce de viande sur une grille dans une grande rôtissoire. Verser 2 cm (1 po) d'eau dans le fond du contenant. Cuire la pièce de viande 20 minutes par livre au four à 200°C (400°F). Arroser la pièce de viande de son jus toutes les 20 minutes. Ajouter du liquide au fur et à mesure de la cuisson pour s'assurer de toujours avoir 2 cm (1 po) de liquide au fond de la rôtissoire. Après 1 heure de cuisson, couvrir la viande de papier d'aluminium pour éviter que les épices ne brûlent.

Retirer du four et laisser reposer 15 minutes, emballé dans le papier d'aluminium, avant de servir.

Servir accompagné de pitas, d'oignons, de tomates, d'herbes fraîches, de labneh et de harissa lors d'un souper convivial, afin que tous se concoctent de délicieux sandwichs à l'agneau.

CHOUX POMMES NOIX

4 PORTIONS

Préparation : 0h10
Cuisson : 0h20

INGRÉDIENTS

20 choux de Bruxelles de taille moyenne, coupés en 2
30 ml (2 c. à soupe) beurre, fondu
15 ml (1 c. à soupe) sucre
60 ml (1/4 tasse) jus de pomme 100 % naturel
Sel et poivre
125 ml (1/2 tasse) noix de Grenoble (cerneaux de noix)
60 ml (1/4 tasse) ciboulette, hachée

PRÉPARATION

Dans un bol, combiner les choux de Bruxelles, le beurre fondu, le sucre et le jus de pomme. Assaisonner. Placer les choux sur une plaque allant au four recouverte de papier parchemin.

Cuire à 200°C (400°F) pour 15 minutes. Ajouter les noix de Grenoble et la ciboulette. Remuer et continuer la cuisson 5 minutes. Servir.

 **LE SAVIEZ-VOUS?**

Il peut y avoir jusqu'à 40 choux de Bruxelles sur une même tige, qui peut atteindre jusqu'à un mètre de hauteur.

PORC, POMMES & BLEU EN CROÛTE

2 PORTIONS

TRUC DÉCADENT

Remplacez le fromage bleu par du fromage de chèvre pour un goût plus doux, ou ne mettez simplement pas de fromage si vous n'en avez pas envie.

LE SAVIEZ-VOUS?

La préparation de la pâte feuilletée peut s'avérer très complexe puisqu'elle doit être conservée à une température spécifique afin de lever correctement. Pour vous éviter des soucis, optez pour la pâte déjà préparée disponible en épicerie. Vous pourrez ainsi réaliser facilement tous vos plats!

Préparation : 0h40
Cuisson : 0h50

INGRÉDIENTS

Sel et poivre
1 filet de porc
30 ml (2 c. à soupe) huile végétale
15 ml (1 c. à soupe) beurre
2 pommes, pelées, coupées en quartiers
et émincées très finement
1 gousse d'ail, hachée
30 ml (2 c. à soupe) fromage bleu
4 tranches de prosciutto
200 g (1/2 paquet) pâte feuilletée
2 jaunes d'œufs, battus

PRÉPARATION

Assaisonner généreusement le filet de porc. Chauffer l'huile dans une poêle à feu vif et saisir le filet de porc sur tous les côtés afin de le colorer. Retirer de la poêle et refroidir au réfrigérateur.

Faire fondre le beurre dans la même poêle et faire revenir les pommes et l'ail 3 à 4 minutes ou jusqu'à ce que les pommes soient très tendres. Ajouter le fromage bleu et remuer pour bien faire fondre. Assaisonner. Refroidir au réfrigérateur.

Étaler un grand carré de pellicule plastique sur une surface de travail. Placez-y les tranches de prosciutto côte à côte en les superposant légèrement. Étendre les pommes sur la moitié de la surface du prosciutto la plus près de vous. Poser le filet de porc sur les pommes, puis à l'aide de la pellicule plastique, rouler le prosciutto autour du filet pour emprisonner les pommes et enrober entièrement le filet. Tordre les extrémités de la pellicule plastique afin de comprimer le contenu de la ballottine. Placer au réfrigérateur pour au moins 15 à 20 minutes.

Sur une surface légèrement farinée, abaisser la pâte feuilletée afin de former un rectangle de 40 cm x 20 cm (16 po x 8 po). Déballer et placer le filet de porc au centre, puis badigeonner la bordure de la pâte de jaune d'œuf. Envelopper le filet et superposer les deux extrémités de la pâte sur le dessus. Aux extrémités du filet enveloppé, rabattre la couche de pâte supérieure sur la viande et couper l'excédent de pâte des coins. Rabattre ensuite la couche de pâte inférieure sur le filet pour bien l'y enfermer. Badigeonner la pâte de jaune d'œuf. Poser le filet sur une plaque huilée allant au four, le côté de la jonction de pâte vers le bas. Avec un petit couteau, faire des entailles peu profondes sur la pâte. Cuire 30 minutes au four à 175°C (350°F).

Laisser reposer 10 minutes et découper en tranches d'au moins 3 cm (1 1/2 po).

LE PARFAIT PAIN DE VIANDE

6 PORTIONS

LE SAVIEZ-VOUS?

Durant la Grande Dépression, le pain de viande était une bonne manière de produire une grande quantité de nourriture à petit budget, puisqu'il était fait à base d'une viande peu chère, à laquelle on ajoutait les restes de la veille, des épices et des céréales.

Préparation : 0h30
Cuisson : 1h15

INGRÉDIENTS

1 oignon, coupé en 4
1 carotte, pelée
8 champignons de Paris
3 gousses d'ail, hachées
15 ml (1 c. à soupe) huile d'olive
1 kg (2,2 lb) bœuf haché
125 ml (1/2 tasse) chapelure
2 œufs
796 ml (1 boîte) tomates broyées
Sel et poivre
200 g (8 tranches) bacon (lard fumé maigre)
30 ml (2 c. à soupe) cassonade (sucre brun)
125 ml (1/2 tasse) eau

PRÉPARATION

Au robot, hacher finement l'oignon, la carotte, les champignons et l'ail. Chauffer l'huile dans une poêle et faire revenir les légumes 5 à 6 minutes. Réserver.

Dans un grand bol, combiner le bœuf haché, la chapelure, les œufs, les légumes et 250 ml (1 tasse) de tomates broyées. Assaisonner et bien mélanger le tout. Former un pain de viande d'environ 30 cm (12 po) de long par 8 cm (3 po) de large.

Placer le pain de viande dans un plat allant au four. Déposer les tranches de bacon légèrement superposées sur toute la surface du pain de viande. Ramener les extrémités des tranches sous le pain de viande. Dans un petit bol, diluer la cassonade dans 15 ml (1 c. à soupe) d'eau. Badigeonner ensuite le bacon avec le mélange. Verser le reste des tomates broyées et l'eau autour du pain de viande.

Cuire 1 h 15 min au four à 200°C (400°F). Lorsque le bacon est bien croustillant, couvrir le pain de viande de la sauce tomate, découper en tranches et servir.

SAUMON & ASPERGES EN CROÛTE DE SEL

4 PORTIONS

Préparation : 0h10
Cuisson : 0h20

INGRÉDIENTS POUR LA CROÛTE DE SEL

1,5 kg (3 1/2 lb) gros sel
4 blancs d'œufs

INGRÉDIENTS POUR LE SAUMON

20 asperges
2 gousses d'ail, hachées
1 filet de saumon avec la peau d'environ 800 g (2 lb)

PRÉPARATION

Dans un grand bol, mélanger le sel et les blancs d'œufs.

Avec les mains, casser les asperges afin d'éliminer le tiers inférieur trop coriace (l'asperge se cassera naturellement au bon endroit).

Couvrir un plat allant au four de papier parchemin. Couvrir le fond d'une couche de sel d'environ 1/2 cm (1/4 po) et bien presser le sel afin qu'il soit compact. Disposer les asperges côte à côte sur le sel et saupoudrer d'ail haché. Déposer le filet de saumon, côté chair sur les asperges. Recouvrir entièrement le filet de saumon du reste du sel. Bien presser pour que le sel soit compact.

Cuire 20 minutes au four à 200°C (400°F). Casser la croûte de sel et servir le repas.

LE SAVIEZ-VOUS?

On appelle «sauniers» les gens dont le métier est de récolter le sel. Encore aujourd'hui, les sauniers utilisent des techniques traditionnelles datant du Moyen-Âge. Leur métier est saisonnier.

POULET PIRI-PIRI

4 PORTIONS

Marinade : 4h00 à 12h00
Préparation : 0h30
Cuisson : 1h15

1 poulet entier

INGRÉDIENTS POUR LA MARINADE PIRI-PIRI

125 ml (1/2 tasse) sauce piri-piri
1 oignon
4 gousses d'ail
Jus de 2 citrons
250 ml (1 tasse) bière blonde
30 ml (2 c. à soupe) sucre
15 ml (1 c. à soupe) sel
80 ml (1/3 tasse) huile végétale

PRÉPARATION

Placer le poulet sur une surface de travail, poitrine vers le bas. Avec un gros couteau, découper le dos du poulet afin de l'ouvrir en crapaudine. Retourner le poulet et presser pour bien l'aplatir.

Avec un pied-mélangeur, broyer tous les ingrédients de la marinade afin d'obtenir une sauce lisse. Dans un grand contenant, verser la sauce sur le poulet et bien l'en enrober. Placer au réfrigérateur et laisser mariner de 4 à 12 heures.

Retirer le poulet de la marinade et déposer sur une plaque allant au four, l'intérieur vers le haut. Conserver l'excédent de marinade. Placer la marinade dans une petite casserole et laisser mijoter 20 minutes à feu doux.

Cuire le poulet au centre du four à 200°C (400°F) pendant 30 minutes. Retourner le poulet, badigeonner de marinade et cuire encore 30 minutes. Badigeonner une dernière fois le poulet et terminer la cuisson 15 minutes. Découper et servir avec l'accompagnement de votre choix.

LE SAVIEZ-VOUS?

Le piri-piri – aussi appelé pili-pili ou peri-peri selon les régions – désigne le piment utilisé pour faire la sauce piquante d'origine portugaise du même nom. C'est un mot swahili qui signifie « piment-piment ».

FESTIN TOUT-EN-UN

4 PORTIONS

Préparation : 0h15
Cuisson : 0h40

INGRÉDIENTS

6 saucisses au choix
16 champignons de Paris
2 poivrons rouges, épépinés et coupés en lanières de 2 cm (1 po)
2 oignons rouges, émincés en lanières de 1 cm (1/2 po)
60 ml (1/4 tasse) vinaigre balsamique
60 ml (1/4 tasse) huile d'olive
Sel et poivre
60 ml (1/4 tasse) persil frais, haché

PRÉPARATION

Dans un bol, combiner les saucisses, les champignons, les poivrons, les oignons, le vinaigre et l'huile d'olive. Assaisonner.

Disposer le mélange dans un plat à rôtir. Cuire 40 minutes au four à 200°C (400°F). Saupoudrer de persil frais et servir accompagné de moutarde de Dijon ou de sauce dijonnaise.

RÔTI DE DINDE AUX CANNEBERGES

6 PORTIONS

Préparation : 0h40
Cuisson : 1h25

INGRÉDIENTS POUR LA LAQUE AUX CANNEBERGES

30 ml (2 c. à soupe) beurre
2 oignons rouges, émincés
60 ml (1/4 tasse) sauce aux canneberges maison ou en conserve
15 ml (1 c. à soupe) vinaigre de vin rouge
125 ml (1/2 tasse) porto
2 feuilles de sauge fraîches
5 ml (1 c. à thé) sel
5 ml (1 c. à thé) poivre noir moulu

INGRÉDIENTS POUR LA DINDE

30 ml (2 c. à soupe) huile végétale
1 rôti de dinde de 1,5 kg (3 1/2 lb)
250 ml (1 tasse) fond de veau
60 ml (1/4 tasse) crème 35 % (entière)

PRÉPARATION

Dans une casserole, faire fondre le beurre et faire revenir les oignons 6 à 8 minutes. Ajouter le reste des ingrédients de la laque et laisser mijoter 10 à 15 minutes à feu doux. À l'aide d'un pied-mélangeur, broyer le tout afin d'obtenir une sauce épaisse. Laisser refroidir.

Dans une grande poêle, chauffer l'huile végétale et saisir le rôti sur tous les côtés afin de le colorer. Placer le rôti dans un plat allant au four. Déglacer la poêle avec le fond de veau et verser le liquide autour du rôti.

Badigeonner le rôti de laque et mettre au four à 175°C (350°F) pour 1 h 15 min. Badigeonner le rôti ainsi toutes les 15 minutes. À la sortie du four, laisser reposer la viande recouverte de papier d'aluminium pendant 10 minutes. Transférer le jus de cuisson dans une petite casserole, incorporer la crème et réduire jusqu'à ce que la sauce nappe le dos d'une cuillère. Trancher le rôti et servir avec la sauce.

RÔTI DE VEAU PROVENÇAL

4 PORTIONS

Préparation : 0h10
Cuisson : 0h45

INGRÉDIENTS

1 pièce de noix de veau de 1 kg (2,2 lb)
Sel et poivre
30 ml (2 c. à soupe) huile végétale
125 ml (1/2 tasse) vin blanc
2 échalotes, émincées
125 ml (1/2 tasse) olives Kalamata dénoyautées
20 tomates cerises
30 ml (2 c. à soupe) origan frais, haché
80 ml (1/3 tasse) crème 35 % (entière)

PRÉPARATION

Placer la noix de veau dans un plat allant au four. Assaisonner et arroser d'huile végétale. Cuire 15 minutes au four à 260°C (500°F) ou jusqu'à ce que la viande soit bien colorée.

Retirer le plat du four et verser le vin blanc. Disposer les échalotes, les olives, les tomates et l'origan autour du rôti. Remettre le plat au four et baisser le feu à 150°C (300°F). Cuire 20 minutes. Arroser la viande à mi-cuisson. Retirer du four, mettre le rôti dans une assiette et couvrir de papier d'aluminium. Laisser reposer 10 minutes. Verser la crème dans le plat et remettre au four, sans la viande, pour 10 minutes. Remuer et servir la sauce sur les tranches de rôti.

RÔTI DE PORC FORESTIER

4 PORTIONS

Préparation : 0h20
Cuisson : 1h10

INGRÉDIENTS

1 rôti de porc de 1 kg (2,2 lb)
Sel et poivre
30 ml (2 c. à soupe) huile végétale
2 échalotes, émincées
3 champignons portobellos, émincés
180 ml (3/4 tasse) vin blanc
15 ml (1 c. à soupe) vinaigre de Xérès
6 branches de thym frais
125 ml (1/2 tasse) crème 35 % (entière)

PRÉPARATION

Assaisonner le rôti de porc. Dans une grande poêle, chauffer l'huile à feu vif et saisir le rôti afin de le colorer sur tous les côtés. Placer le rôti dans un plat allant au four.

Faire revenir les échalotes et les champignons 4 à 5 minutes dans la même poêle. Déglacer au vin blanc. Transférer les légumes dans le plat avec le rôti. Ajouter le vinaigre et le thym.

Cuire 1 heure au four à 175°C (350°F). Arroser le rôti toutes les 20 minutes. Sortir du four et déposer le rôti dans une assiette. Laisser reposer 10 minutes.

Transférer la sauce dans une petite casserole. Incorporer la crème et réduire jusqu'à ce que la sauce nappe bien le dos d'une cuillère. Assaisonner et servir.

ROSBIF RUSSE

4 PORTIONS

Préparation : 0h15

INGRÉDIENTS

Quelques tranches de rôti de bœuf cuit (voir recette page 132)
15 ml (1 c. à soupe) sauce soja
60 ml (1/4 tasse) crème sure (fraîche épaisse)
5 ml (1 c. à thé) raifort
Sel
1 ml (1/4 c. à thé) poivre noir moulu
2 betteraves marinées, coupées en cubes de 1 cm (1/2 po)
1 échalote, ciselée
2 gros cornichons à l'aneth, hachés
30 ml (2 c. à soupe) ciboulette, émincée

PRÉPARATION

Trancher le rôti de bœuf le plus finement possible. Disposer les tranches sur une assiette de service. Badigeonner légèrement les tranches de sauce soja. Réserver.

Dans un bol, combiner la crème sure, le raifort, le sel et le poivre. Garnir les tranches de viande de crème sure assaisonnée.

Disposer les cubes de betterave, l'échalote, les cornichons et la ciboulette sur les tranches de bœuf. Servir aux invités.

LE SAVIEZ-VOUS?

Le wasabi japonais est fabriqué à partir de la racine de la plante du même nom, qui appartient à un genre voisin du raifort.

LES POIVRONS RÔTIS

4 À 6 PORTIONS

Préparation : 0h20
Cuisson : 0h20

INGRÉDIENTS POUR LES POIVRONS

2 poivrons rouges
2 poivrons jaunes
15 ml (1 c. à soupe) huile végétale

INGRÉDIENTS POUR LA VINAIGRETTE CLASSIQUE

60 ml (1/4 tasse) huile d'olive
30 ml (2 c. à soupe) vinaigre de Xérès
30 ml (2 c. à soupe) persil frais, haché
30 ml (2 c. à soupe) origan frais, haché
Sel et poivre

PRÉPARATION

Frotter chacun des poivrons d'huile végétale afin d'huiler entièrement la peau. Placer les poivrons entiers sur une plaque allant au four. Mettre sous le gril du four et cuire 5 minutes de chaque côté ou jusqu'à ce que la peau noircisse et se soulève légèrement du poivron.

Retirer du four, placer dans un bol et couvrir de pellicule plastique. Laisser refroidir à température ambiante.

Avec les mains, ouvrir les poivrons en deux, puis en retirer délicatement les pépins et la peau. Découper les poivrons en lanières de 1 cm (1/2 po) d'épaisseur.

Dans un bol, combiner les poivrons rôtis et tous les ingrédients de la vinaigrette. Remuer et servir.

TRUC DÉCADENT

Les poivrons rôtis et marinés se conservent plusieurs jours au réfrigérateur. Il s'agit d'un accompagnement idéal pour la volaille ou le poisson. Servez-les aussi dans une salade ou un burger. Ils sont très polyvalents!

CANARD LAQUÉ DE PÉKIN

4 PORTIONS

TRUC DÉCADENT

Si le temps vous le permet, une fois le saumurage terminé, placez le canard à l'air libre au réfrigérateur pour environ 4 heures. La peau séchera et sera ainsi plus croustillante.

LE SAVIEZ-VOUS?

Comme pour le foie gras de canard français, les canards destinés à être laqués à la pékinoise sont nourris par gavage.

Marinade : 12h00
Préparation : 0h20
Cuisson : 1h30

1 canard entier

INGRÉDIENTS POUR LA SAUMURE DU CANARD

1,5 l (6 tasses) eau
2 cm (1 po) gingembre frais, pelé et haché
250 ml (1 tasse) sauce soja
15 ml (1 c. à soupe) poivre noir en grains
2 feuilles de laurier

INGRÉDIENTS POUR LA LAQUE DE PÉKIN

60 ml (1/4 tasse) miel
30 ml (2 c. à soupe) sauce soja
30 ml (2 c. à soupe) vinaigre de riz
5 ml (1 c. à thé) coriandre moulue
30 ml (2 c. à soupe) thym frais, haché
Zeste et jus de 1/2 orange
2 gousses d'ail, hachées

PRÉPARATION

Dans un bol, mélanger tous les ingrédients de la saumure. Dans un bol le plus petit possible, placer le canard et le recouvrir de saumure. Placer au réfrigérateur pour une nuit.

Dans un autre bol, mélanger tous les ingrédients de la laque.

Retirer le canard de la saumure. Bien éponger et placer sur une grille dans un plat allant au four. Verser 1 cm (1/2 po) d'eau au fond du plat. Au besoin, ajouter de l'eau en cours de cuisson. Badigeonner le canard avec la laque et cuire de 1 h 15 min à 1 h 30 min au four à 190°C (375°F). Badigeonner le canard de laque toutes les 15 minutes. Découper et servir.

RÔTI DE SAUMON BBQ

4 PORTIONS

Préparation : 0h30
Cuisson : 0h20

INGRÉDIENTS POUR LE SAUMON

1/2 filet de saumon, sans la peau,
pris dans la partie la plus épaisse du filet
30 ml (2 c. à soupe) marmelade d'oranges

INGRÉDIENTS POUR L'ASSAISONNEMENT BBQ

15 ml (1 c. à soupe) huile d'olive
15 ml (1 c. à soupe) cassonade (sucre brun)
10 ml (2 c. à thé) gros sel
5 ml (1 c. à thé) poivre noir moulu
15 ml (1 c. à soupe) paprika doux
2 ml (1/2 c. à thé) moutarde en poudre
2 ml (1/2 c. à thé) poudre d'oignon
2 ml (1/2 c. à thé) poudre d'ail
1 ml (1/4 c. à thé) piment de Cayenne

PRÉPARATION

Dans un contenant, combiner tous les ingrédients de l'assaisonnement BBQ. Réserver.

Entailler le filet de saumon sur l'épaisseur afin de l'ouvrir. Badigeonner l'intérieur du poisson de marmelade, et rouler afin de former un rôti. Ficeler le saumon à intervalle de 5 cm (2 po). Frotter le rôti avec l'assaisonnement BBQ. Laisser reposer au réfrigérateur pendant 30 minutes.

Placer le rôti dans un plat allant au four légèrement huilé. Cuire 20 minutes au four à 200°C (400°F). Trancher le rôti de saumon et servir avec l'accompagnement de votre choix.

LE POULET JERK

Marinade : 4h00 à 24h00
Préparation : 0h15
Cuisson : 0h30

8 hauts de cuisse de poulet

INGRÉDIENTS POUR LA MARINADE JERK

10 ml (2 c. à thé) piment de la Jamaïque
2 ml (1/2 c. à thé) muscade, râpée
2 ml (1/2 c. à thé) macis (ou fleur de muscade), râpé
10 ml (2 c. à thé) sel
15 ml (1 c. à soupe) cassonade (sucre brun)
10 ml (2 c. à thé) thym frais
5 ml (1 c. à thé) poivre noir moulu
3 oignons verts, coupés en tronçons
1 piment habanero (piment Scotch Bonnet), épépiné
2 gousses d'ail
60 ml (1/4 tasse) huile végétale

PRÉPARATION

Avec un pied-mélangeur ou au robot culinaire, broyer tous les ingrédients de la marinade jusqu'à l'obtention d'une texture lisse.

Mélanger le poulet avec la marinade. Laisser reposer au réfrigérateur minimum 4 heures et maximum 24 heures.

Placer les hauts de cuisse sur une plaque légèrement huilée allant au four. Cuire 30 minutes au four à 200°C (400°F). Servir avec des frites ou des pommes de terre rôties. (Voir recette page 140.)

LE SAVIEZ-VOUS?

Faites attention lorsque vous manipulez la marinade et le piment habanero. Minimisez le contact avec les mains, car le piment peut irriter la peau.

POITRINE DE PORC ÉRABLE & CALVADOS

8 PORTIONS

Marinade : 4h00 à 12h00
Préparation : 1h00
Cuisson : 2h30

INGRÉDIENTS

1 kg (2,2 lb) poitrine de porc avec la couenne
12 pommes de terre grelots, coupées en 2

INGRÉDIENTS POUR LA LAQUE ÉRABLE ET CALVADOS

125 ml (1/2 tasse) sirop d'érable
125 ml (1/2 tasse) calvados
125 ml (1/2 tasse) vinaigre de cidre
125 ml (1/2 tasse) jus de pomme 100 % naturel
30 ml (2 c. à soupe) cassonade (sucre brun)
30 ml (2 c. à soupe) moutarde de Dijon
60 ml (1/4 tasse) sauce soja

PRÉPARATION

À l'aide d'un couteau, inciser le gras de la poitrine de porc jusqu'à la moitié de sa profondeur en formant des lignes à intervalle de 0,5 cm (1/4 po).

Dans un grand bol, combiner tous les ingrédients de la laque. Placer la poitrine de porc dans la laque et laisser reposer au réfrigérateur pour toute une nuit ou au moins 4 heures.

Retirer la poitrine de la marinade et verser celle-ci dans une petite casserole. Porter à ébullition et laisser mijoter à feu très doux de 30 à 40 minutes afin que la marinade réduise de moitié. Remuer de temps à autre. Placer ensuite au réfrigérateur pour faire épaissir.

Déposer la viande dans un plat à rôtir et mettre au four à 200°C (400°F) pour 30 minutes. Baisser la température du four à 150°C (300°F) et continuer la cuisson pendant 2 heures.

Durant la dernière heure de cuisson, ajouter les pommes de terre grelots autour de la pièce de porc et, toutes les 15 minutes, badigeonner généreusement la viande de laque érable et calvados.

Trancher la pièce de porc et servir avec les pommes de terre. Un régal pour le brunch!

POULET CITRONNÉ AUX CHAMPIGNONS

4 PORTIONS

Préparation : 0h10
Cuisson : 1h20

INGRÉDIENTS

1 poulet entier
8 branches de thym frais
12 gousses d'ail, écrasées
1 citron, coupé en 4
Sel et poivre
30 ml (2 c. à soupe) huile d'olive
12 champignons de Paris
500 ml (2 tasses) champignons sauvages au choix :
pleurote, chanterelle, morille, girolle, shiitake, etc.

PRÉPARATION

À l'intérieur du poulet, mettre le thym, les gousses d'ail et les quartiers de citron.

Ficeler le poulet. Assaisonner l'extérieur du poulet et placer dans un plat allant au four. Arroser le poulet d'huile d'olive et cuire 1 heure au four à 200°C (400°F). Arroser le poulet de son jus de cuisson toutes les 10 minutes. Disposer les champignons autour du poulet et terminer la cuisson 20 minutes. Découper et servir.

TRUC DÉCADENT

Pour ajouter un peu de folie à cette recette, mettez-y du foie gras! Il suffit d'en ajouter une petite boîte à l'intérieur du poulet en début de cuisson. Pas la peine de l'étaler puisqu'il fondra.

LE BON JAMBON MAISON

12 PORTIONS

Préparation : 0h20
Cuisson : 2h30

INGRÉDIENTS

60 ml (1/4 tasse) miel
250 ml (1 tasse) jus de pomme 100 % naturel
125 ml (1/2 tasse) cassonade (sucre brun)
2 ml (1/2 c. à thé) clou de girofle moulu
2 ml (1/2 c. à thé) poivre noir moulu
2 feuilles de laurier
1 jambon dans l'épaule avec l'os d'environ 3 kg (6 1/2 lb)
341 ml (1 bouteille) bière brune

PRÉPARATION

Dans une petite casserole, verser le miel, le jus de pomme et la cassonade. Ajouter le clou de girofle, le poivre et le laurier. Porter à ébullition et laisser mijoter 8 à 10 minutes ou jusqu'à ce que le mélange soit épais et forme un caramel.

À l'aide d'un petit couteau, faire des incisions en croisillons sur la surface du jambon.

Placer le jambon dans un plat allant au four et arroser de la bière. Badigeonner le jambon avec le caramel.

Couvrir et cuire 1 h 30 min au four à 150°C (300°F). Retirer le couvercle et poursuivre la cuisson 1 heure en arrosant fréquemment le jambon de son jus de cuisson et en le badigeonnant avec le caramel. Trancher et servir.

TRUC DÉCADENT

Remplacez le miel et la cassonade par 250 ml (1 tasse) de sirop d'érable. Une variante typiquement québécoise!

LE SAVIEZ-VOUS?

Autrefois, le jambon était réservé aux occasions spéciales. Sous l'Empire romain, on le retrouvait sur la table des empereurs.

LÉGUMES D'ÉTÉ

6 PORTIONS

Préparation : 0h20
Cuisson : 0h20

INGRÉDIENTS

1 poivron rouge, épépiné et coupé en lanières de 1 cm (1/2 po)
1 courgette, coupée en rondelles de 1 cm (1/2 po)
8 asperges, parées et coupées en 3
1 oignon rouge, émincé
2 tomates, coupées en cubes de 2 cm (1 po)
500 ml (2 tasses) aubergine, coupée en cubes de 2 cm (1 po)
4 gousses d'ail, hachées
60 ml (1/4 tasse) huile d'olive
30 ml (2 c. à soupe) vinaigre balsamique
Zeste de 1 citron
30 ml (2 c. à soupe) origan frais, haché
Sel et poivre

PRÉPARATION

Dans un bol, combiner tous les ingrédients et bien mélanger.

Placer le tout sur une plaque allant au four et cuire 20 minutes à 200°C (400°F). Servir en accompagnement.

KARATÉ CAILLES!

3 PORTIONS

TRUC DÉCADENT

Si les cuisses colorent trop vite, couvrez-les de papier d'aluminium. Ainsi, les poitrines continueront à cuire sans que les cuisses brûlent.

LE SAVIEZ-VOUS?

On appelle « coturniculture » l'élevage des cailles. Ce terme est dérivé du nom d'un des genres de cailles : *coturnix*.

Marinade : 4h00 à 12h00
Préparation : 0h10
Cuisson : 0h30

INGRÉDIENTS POUR LA MARINADE AU SAKÉ

250 ml (1 tasse) saké
125 ml (1/2 tasse) sauce soja
180 ml (3/4 tasse) mirin

INGRÉDIENTS POUR LES CAILLES

6 cailles entières
12 mini bok-choy
15 ml (1 c. à soupe) huile végétale
Sel et poivre
30 ml (2 c. à soupe) graines de sésame rôties

PRÉPARATION

Dans un grand bol, combiner les ingrédients de la marinade. Ajouter les cailles entières, mélanger et placer au réfrigérateur de 4 à 12 heures.

Dans un bol, mélanger les bok-choy avec l'huile et assaisonner. Réserver.

Déposer les cailles dans un grand plat allant au four. Cuire 20 minutes au four à 200°C (400°F). Arroser les cailles avec leur jus de cuisson. Ajouter les bok-choy autour des cailles et continuer la cuisson 10 minutes. Saupoudrer de graines de sésame et servir.

SANDWICH DU PAYSAN

1 PORTION

Préparation : 0h10
Cuisson : 0h05

INGRÉDIENTS

15 ml (1 c. à soupe) huile d'olive
1 champignon portobello, haché
15 ml (1 c. à soupe) ciboulette, émincée
15 ml (1 c. à soupe) fromage à la crème (fromage à tartiner)
5 ml (1 c. à thé) moutarde à l'ancienne
1 pain ciabatta, tranché en 2
Quelques tranches de rôti de boeuf cuit (voir recette page 132)
Quelques tranches de tomate
Quelques feuilles de laitue

PRÉPARATION

Dans une poêle, chauffer l'huile d'olive et faire revenir le champignon 3 à 4 minutes. Réserver.

Dans un petit contenant, combiner la ciboulette, le fromage à la crème, la moutarde et le champignon. Remuer pour bien mélanger les ingrédients.

Ouvrir le pain en deux et badigeonner chaque côté du mélange de fromage à la crème. Garnir de tranches de bœuf, puis disposer les tranches de tomate et les feuilles de laitue. Fermer le sandwich.

TRUC DÉCADENT

Ce sandwich est délicieux froid, mais si vous le préférez, placez le pain badigeonné de fromage quelques minutes sous le gril du four. Le pain deviendra croustillant et le fromage bien fondant.

LE BEURRE À L'AIL RÔTI

20 ROSETTES

LE SAVIEZ-VOUS?

Au Moyen-Âge, la médecine populaire utilisait l'ail au lieu des épices trop coûteuses afin de lutter contre les miasmes maléfiques : sachets autour du cou, cataplasmes d'ail pilé sur le nombril, gousses en colliers à titre préventif et curatif, ou frottées sur les cors et les verrues, les piqûres, les morsures de serpent, etc. On le disait aussi efficace contre les rhumatismes, les vers, la peste, l'asthme, la rage et la jaunisse.

Louis Pasteur a démontré que l'ail était efficace pour détruire les bactéries. On l'utilisa d'ailleurs pendant la Première Guerre mondiale pour lutter contre la gangrène et la septicémie, si bien que le gouvernement britannique payait les citoyens qui en produisaient pour les hôpitaux.

Préparation : 0h30
Cuisson : 0h40

INGRÉDIENTS POUR L'AIL RÔTI

4 têtes d'ail
80 ml (1/3 tasse) huile d'olive

INGRÉDIENTS POUR LE BEURRE À L'AIL

450 g (1 lb) beurre
125 ml (1/2 tasse) parmesan frais, râpé
125 ml (1/2 tasse) persil frais, haché

PRÉPARATION

Pour l'ail rôti, enduire une petite plaque allant au four de 30 ml (2 c. à soupe) d'huile d'olive. Couper la base des têtes d'ail sans que les gousses se séparent. Poser les têtes d'ail, la partie coupée sur la plaque. Arroser du reste de l'huile d'olive. Placer au four à 120°C (250°F) pendant 40 minutes. L'ail doit devenir doré, mais pas brûlé. Retirer du four et laisser refroidir. Avec les mains, presser les têtes d'ail afin d'en extraire les gousses rôties.

Pour le beurre à l'ail, au robot ou avec une fourchette, combiner l'ail rôti avec le beurre et le parmesan. Bien mélanger pour incorporer les ingrédients. Ajouter le persil à la fin et mélanger rapidement.

Placer le mélange dans une poche à pâtisserie. Sur une plaque, former des rosettes d'environ 15 à 30 ml (1 à 2 c. à soupe). Placer les rosettes au réfrigérateur ou au congélateur jusqu'à ce qu'elles durcissent. Une fois congelées, conserver les rosettes de beurre dans des sacs de congélation pour une utilisation future.

Servir le beurre avec du pain frais, sur des rôties, avec des légumes, un bon steak ou une portion de poisson... Bref avec n'importe quoi, c'est délicieux!

TRUITE & SALSA SOLEIL

4 PORTIONS

Préparation : 0h25
Cuisson : 0h15

INGRÉDIENTS POUR LA SALSA À LA MANGUE

1 mangue, pelée et coupée en cubes de 1 cm (1/2 po)
1 tomate, coupée en cubes de 1 cm (1/2 po)
30 ml (2 c. à soupe) sauce chili sucrée thaïlandaise
5 ml (1 c. à thé) vinaigre de vin rouge
15 ml (1 c. à soupe) huile d'olive
Sel et poivre
60 ml (1/4 tasse) coriandre fraîche, hachée

INGRÉDIENTS POUR LA TRUITE

Sel et poivre
2 truites entières sans la tête et écaillées
125 ml (1/2 tasse) semoule de maïs
2 citrons, coupés en rondelles
60 ml (1/4 tasse) huile d'olive

PRÉPARATION

Dans un bol, combiner tous les ingrédients de la salsa. Réserver au réfrigérateur.

Assaisonner l'intérieur des truites. Passer les poissons dans la semoule de maïs en prenant soin d'enlever l'excédent. Disposer les tranches de citron dans les poissons. Verser un filet d'huile sur une plaque allant au four, placer les truites sur l'huile, puis arroser du reste de l'huile d'olive. Cuire 15 minutes au four à 200°C (400°F). Servir les truites accompagnées de salsa à la mangue.

LE POULET RÔTI CLASSIQUE

4 PORTIONS

TRUCS DÉCADENTS

Vous voulez le secret pour une peau croustillante? Glissez simplement votre doigt sous la peau des poitrines et des cuisses. Ça marche à tout coup!

L'étape du saumurage n'est pas essentielle à la réussite de cette recette. Toutefois, si vous avez le temps de vous y prêter, elle conférera à votre poulet une tendreté incomparable.

Marinade : 8h00
Préparation : 0h25
Cuisson : 1h15

INGRÉDIENTS POUR LA SAUMURE DU POULET

2 l (8 tasses) eau
125 ml (1/2 tasse) gros sel
80 ml (1/3 tasse) sucre
2 feuilles de laurier
15 ml (1 c. à soupe) graines de coriandre
15 ml (1 c. à soupe) poivre noir en grains
15 ml (1 c. à soupe) graines de moutarde

INGRÉDIENTS POUR LE POULET

1 poulet entier
2 oignons, coupés en 4
4 gousses d'ail
4 branches de thym frais
5 ml (1 c. à thé) paprika doux
15 ml (1 c. à soupe) huile d'olive
2 ml (1/2 c. à thé) sel
2 carottes, pelées et coupées en tronçons
4 branches de céleri, coupées en tronçons
8 pommes de terre grelots, coupées en 2
Sel et poivre
60 ml (1/4 tasse) eau

PRÉPARATION

Dans une grande casserole, combiner tous les ingrédients de la saumure. Porter à ébullition et retirer du feu. Laisser refroidir complètement à température ambiante avant l'utilisation.

Immerger le poulet dans la saumure et laisser reposer au réfrigérateur pour un minimum de 8 heures.

Retirer le poulet de la saumure et bien l'éponger. Placer les oignons, l'ail et le thym à l'intérieur du poulet. Dans un petit bol, combiner le paprika, l'huile d'olive et le sel. Frotter tout le poulet avec ce mélange.

Dans une rôtissoire, disposer les carottes, le céleri et les pommes de terre. Assaisonner, verser l'eau, remuer et placer le poulet au centre des légumes.

Couvrir et cuire 30 minutes au four à 175°C (350°F). Retirer le couvercle et continuer la cuisson 45 minutes. Arroser le poulet de son jus de cuisson toutes les 15 minutes. Servir.

34

LE RÔTI DE PORC EFFILOCHÉ

8 PORTIONS

Préparation : 0h15
Cuisson : 3h00

1,5 kg (3 1/2 lb) épaule de porc

INGRÉDIENTS POUR L'ASSAISONNEMENT FUMÉ

30 ml (2 c. à soupe) sel
60 ml (1/4 tasse) sucre
15 ml (1 c. à soupe) paprika doux
30 ml (2 c. à soupe) assaisonnement à chili
15 ml (1 c. à soupe) poudre d'ail
15 ml (1 c. à soupe) moutarde en poudre
15 ml (1 c. à soupe) thym frais, haché
5 ml (1 c. à thé) fumée liquide
60 ml (1/4 tasse) huile végétale

PRÉPARATION

Mélanger tous les ingrédients de l'assaisonnement. Frotter l'épaule avec le mélange. Mettre la pièce de viande dans un plat allant au four, couvrir et cuire à 150°C (300°F) pendant 2 heures. Retirer le couvercle et cuire encore 1 heure.

Effilocher la viande à l'aide de deux fourchettes. Servir le porc effiloché dans un sandwich, dans des tacos, avec des frites ou tout autre accompagnement qui vous vient à l'esprit et vous met en appétit.

FILET MIGNON & BÉARNAISE

4 PORTIONS

LE SAVIEZ-VOUS?

La sauce béarnaise est réellement originaire de la région parisienne où, en 1837, le cuisinier d'un restaurant aurait rattrapé une réduction d'échalote ratée en l'émulsionnant avec du jaune d'œuf. Questionné par ses clients sur le nom de la sauce, il la nomma spontanément «sauce béarnaise».

Préparation : 0h20
Cuisson : 0h40

INGRÉDIENTS POUR LE FILET MIGNON

1 pièce de filet mignon d'environ 800 g (1 3/4 lb), bardée de gras de porc et ficelée
30 ml (2 c. à soupe) assaisonnement à steak
2 ml (1/2 c. à thé) sel
30 ml (2 c. à soupe) huile végétale

INGRÉDIENTS POUR LA SAUCE BÉARNAISE

60 ml (1/4 tasse) vinaigre de vin blanc
60 ml (1/4 tasse) vin blanc
2 échalotes, ciselées
2 ml (1/2 c. à thé) poivre noir en grains
2 branches d'estragon, entières
4 jaunes d'œufs
180 ml (3/4 tasse) beurre, fondu et tempéré
30 ml (2 c. à soupe) estragon frais, haché
Sel et poivre

PRÉPARATION

Frotter le filet avec l'assaisonnement à steak et le sel. Dans une grande poêle, chauffer l'huile à feu vif et saisir le filet de bœuf sur tous les côtés afin de bien le colorer. Mettre au four à 150°C (300°F) pour 30 minutes ou jusqu'à ce que la température interne atteigne 50°C (120°F). Retirer du four, couvrir de papier d'aluminium et laisser reposer 10 minutes.

Pour la béarnaise, dans une petite poêle, porter à ébullition le vinaigre et le vin avec les échalotes, le poivre et les branches d'estragon. Laisser réduire jusqu'à ce qu'il ne reste qu'environ 45 ml (3 c. à soupe) de liquide. Passer au tamis.

Dans un bol, au bain-marie, combiner la réduction de vin et les jaunes d'œufs, et fouetter jusqu'à ce que la texture devienne épaisse et mousseuse.

Retirer le bol du bain-marie. Hors du feu, verser le beurre en un mince filet en fouettant vigoureusement. Ajouter l'estragon haché et assaisonner. Si la sauce est trop épaisse, ajouter un peu d'eau chaude. Réserver à température ambiante jusqu'au moment de servir.

Servir le filet mignon accompagné de sauce béarnaise.

LES CAROTTES RÔTIES

4 PORTIONS

Préparation : 0h10
Cuisson : 0h15

INGRÉDIENTS

20 carottes avec fanes
30 ml (2 c. à soupe) miel
15 ml (1 c. à soupe) vinaigre de cidre
30 ml (2 c. à soupe) beurre
Sel et poivre

PRÉPARATION

Peler les carottes et couper les fanes en laissant 2 cm (1 po) de tiges pour la présentation. Placer dans un grand bol.

Dans un petit bol, combiner le miel, le vinaigre et le beurre. Chauffer 20 secondes au micro-ondes et bien mélanger. Verser le liquide sur les carottes, assaisonner et mélanger afin de bien enrober les carottes. Étaler le tout sur une plaque allant au four recouverte de papier parchemin. Cuire 15 minutes au four à 200°C (400°F). Servir.

TRUC DÉCADENT

Remplacez les carottes par des betteraves crues, pelées et coupées en morceaux de même taille. Le temps de cuisson sera d'environ 30 minutes à 175°C (350°F). Variez la recette en ajoutant une pincée de cumin ou de gingembre à vos jolies carottes.

LE FAMEUX POULET BBQ

4 PORTIONS

LE SAVIEZ-VOUS?

Le sel de céleri est un mélange de sel et de graines de céleri séchées et broyées. On le voit souvent dans les cocktails, mais il peut également remplacer le sel de table régulier.

Préparation : 0h10
Cuisson : 1h20

INGRÉDIENTS POUR LE POULET

1 poulet entier
45 ml (3 c. à soupe) assaisonnement BBQ
30 ml (2 c. à soupe) huile végétale
2 oignons, coupés en 4

INGRÉDIENTS POUR L'ASSAISONNEMENT BBQ

60 ml (1/4 tasse) paprika doux
15 ml (1 c. à soupe) poivre noir moulu
15 ml (1 c. à soupe) sel de céleri
15 ml (1 c. à soupe) cassonade (sucre brun)
5 ml (1 c. à thé) moutarde en poudre
5 ml (1 c. à thé) poudre d'oignon
5 ml (1 c. à thé) poudre d'ail
5 ml (1 c. à thé) piment de Cayenne

PRÉPARATION

Pour l'assaisonnement BBQ, combiner tous les ingrédients dans un bol. Ce mélange d'épices se conserve 3 à 4 mois dans un contenant hermétique au congélateur.

Afin d'obtenir une peau bien croustillante, glisser un doigt sous la peau des poitrines et des cuisses du poulet.

Dans un petit bol, combiner l'assaisonnement BBQ avec l'huile. Bien frotter tout le poulet avec ce mélange afin de faire pénétrer les épices dans la chair. Placer les oignons à l'intérieur du poulet.

Déposer le poulet dans un plat allant au four et cuire au centre du four à 200°C (400°F) pendant 1 h 20 min. Arroser le poulet avec son jus à mi-cuisson. Découper et servir.

38

LES SUCCULENTES CÔTES LEVÉES

4 PORTIONS

Marinade : 12h00
Préparation : 0h45
Cuisson : 2h00

2 pièces de côtes levées
250 ml (1 tasse) sauce BBQ maison ou du commerce

INGRÉDIENTS POUR LA SAUMURE À CÔTES LEVÉES

1 l (4 tasses) eau
125 ml (1/2 tasse) sel
80 ml (1/3 tasse) sucre
30 ml (2 c. à soupe) poivre noir en grains
4 branches de thym frais
2 feuilles de laurier
24 glaçons

INGRÉDIENTS POUR LA SAUCE BBQ AU WHISKY

1 oignon, émincé
4 gousses d'ail, émincées
125 ml (1/2 tasse) whisky (Jack Daniel's ou autre bourbon)
500 ml (2 tasses) ketchup
80 ml (1/3 tasse) vinaigre de vin rouge
60 ml (1/4 tasse) sauce Worcestershire
180 ml (3/4 tasse) cassonade (sucre brun)
180 ml (3/4 tasse) mélasse
60 ml (1/4 tasse) pâte de tomate
10 ml (2 c. à thé) fumée liquide
5 ml (1 c. à thé) sel
5 ml (1 c. à thé) poivre noir, moulu
5 ml (1 c. à thé) sauce Tabasco

PRÉPARATION

Dans une grande casserole, chauffer l'eau avec tous les ingrédients de la saumure à l'exception des glaçons. Laisser mijoter 5 minutes à feu doux. Retirer du feu et ajouter les glaçons. Remuer. Si le mélange n'est pas complètement froid, le placer au réfrigérateur. Plonger les côtes levées dans la saumure froide et mettre au réfrigérateur pour au moins 12 heures.

Pour la sauce BBQ, dans une poêle, faire mijoter l'oignon et l'ail avec le whisky pendant 10 minutes. Incorporer les autres ingrédients de la sauce et laisser mijoter à feu doux pendant 20 minutes en remuant occasionnellement. Passer la sauce au tamis.

Retirer les côtes levées de la saumure. Placer les côtes levées sur une grille dans un plat allant au four. Verser 2 cm (1 po) d'eau au fond du plat. Couvrir et cuire 1 heure au four à 150°C (300°F). Retirer le couvercle, badigeonner généreusement les côtes de sauce BBQ et continuer la cuisson 1 heure à 175°C (350°F). Badigeonner les côtes de sauce toutes les 30 minutes. Découper en portions et servir.

CARRÉ D'AGNEAU & PERSILLADE

4 PORTIONS

TRUC DÉCADENT

Ajoutez quelques tomates séchées hachées à votre persillade pour ajouter un petit goût ensoleillé à ce grand classique.

LE SAVIEZ-VOUS?

En Grèce antique, on sacrifiait des agneaux noirs aux dieux des vents afin de s'assurer une bonne navigation.

Préparation : 0h15
Cuisson : 0h25

INGRÉDIENTS POUR LE CARRÉ D'AGNEAU

2 carrés d'agneau
30 ml (2 c. à soupe) huile végétale
Sel et poivre
30 ml (2 c. à soupe) moutarde de Dijon

INGRÉDIENTS POUR LA PERSILLADE

60 ml (1/4 tasse) persil frais
30 ml (2 c. à soupe) thym frais
30 ml (2 c. à soupe) parmesan frais, râpé
60 ml (1/4 tasse) chapelure
Sel et poivre
2 gousses d'ail, hachées
30 ml (2 c. à soupe) huile d'olive

PRÉPARATION

Par souci d'esthétisme, à l'aide d'un petit couteau, gratter chacun des os des carrés d'agneau afin de retirer toute la chair. Retirer l'excédent de gras et le nerf à la surface des carrés.

Dans une grande poêle, chauffer l'huile à feu vif. Assaisonner les carrés d'agneau et déposer le côté charnu dans l'huile. À l'aide de pinces, retourner les carrés uniquement lorsqu'ils sont bien colorés.

Placer la viande dans un plat allant au four et cuire 8 minutes à 200°C (400°F).

Dans un bol, mélanger tous les ingrédients de la persillade.

Retirer la viande du four. Badigeonner les carrés de moutarde de Dijon et couvrir d'une épaisse couche de persillade. Presser pour qu'elle adhère bien. Remettre les carrés au four pour 10 minutes. Laisser reposer la viande 5 minutes avant de servir.

RÔTI DE LOTTE, TAPENADE & PROSCIUTTO

3 PORTIONS

LE SAVIEZ-VOUS?

La lotte n'est jamais vendue entière par les poissonniers en raison de sa laideur qui repousserait les clients. Autrefois, les lottes prises dans les filets de pêcheurs étaient même rejetées à la mer, car on les prenait pour des monstres qui portaient malheur.

Marinade : 1h00
Préparation : 0h40
Cuisson : 0h20

INGRÉDIENTS POUR LA LOTTE

3 filets de lotte d'environ 800 g (2 lb) au total,
sans arêtes et nettoyés
75 g (5 tranches) prosciutto

INGRÉDIENTS POUR LA TAPENADE D'OLIVES NOIRES

2 gousses d'ail, hachées
125 ml (1/2 tasse) olives Kalamata dénoyautées, rincées
30 ml (2 c. à soupe) câpres, rincées
4 gouttes de sauce Tabasco
80 ml (1/3 tasse) huile d'olive
Zeste de 1 citron
Poivre noir moulu

PRÉPARATION

Au robot, combiner tous les ingrédients de la tapenade. Broyer afin d'obtenir une tapenade lisse.

Mélanger les filets de lotte à la tapenade. Placer au réfrigérateur pour 1 heure.

Sur une surface de travail, disposer une feuille de pellicule plastique, le côté le plus long vers soi. Déposer les tranches de prosciutto sur la pellicule plastique en les superposant légèrement. Placer les filets de lotte sur la base des tranches de prosciutto, de façon perpendiculaire. À l'aide de la pellicule plastique, enrouler le poisson dans le prosciutto en formant un rouleau le plus compact possible. Jeter la pellicule plastique.

Placer le rôti de lotte sur une plaque allant au four légèrement huilée, l'extrémité des tranches de prosciutto vers le bas. Cuire 20 minutes au four à 175°C (350°F). Trancher et servir.

COURGE RÔTIE & HOUMOUS

4 PORTIONS

LE SAVIEZ-VOUS?

Le tahini est aussi servi au dessert sous forme de trempette; on le mélange alors à de la mélasse, du miel, ou même, à Montréal, à du sirop d'érable.

Préparation : 0h10
Cuisson : 0h20

INGRÉDIENTS POUR LA COURGE

1 courge musquée, pelée et épépinée
30 ml (2 c. à soupe) beurre, fondu
15 ml (1 c. à soupe) miel
30 ml (2 c. à soupe) zatar
Sel et poivre

INGRÉDIENTS POUR LE HOUMOUS

125 ml (1/2 tasse) huile d'olive
3 gousses d'ail, pelées et écrasées
540 ml (1 boîte) pois chiches, rincés et égouttés
30 ml (2 c. à soupe) tahini
Jus de 1 citron
Sel et poivre

PRÉPARATION

Découper la courge en bâtonnets de 5 cm (2 po) de long par 2 cm (1 po) de large.

Dans un petit bol, faire fondre le beurre et le miel 20 secondes au micro-ondes.

Dans un grand bol, combiner les bâtonnets de courge avec le beurre au miel et le zatar. Assaisonner et bien mélanger. Placer les bâtonnets sur une plaque allant au four recouverte de papier parchemin.

Cuire 20 minutes au four à 200°C (400°F). Servir accompagné de houmous maison ou du commerce.

Pour le houmous maison, dans une poêle, chauffer 30 ml (2 c. à soupe) d'huile d'olive et faire revenir l'ail à feu doux pendant 2 à 3 minutes. Dans un bol profond, combiner tous les ingrédients et réduire en purée à l'aide d'un pied-mélangeur. Assaisonner.

LES AILES DE LA CASERNE

4 PORTIONS

Marinade : 2h00 à 12h00
Préparation : 0h10
Cuisson : 1h00

24 ailes de poulet

INGRÉDIENTS POUR LA MARINADE PIQUANTE

60 ml (1/4 tasse) ketchup
30 ml (2 c. à soupe) vinaigre blanc
30 ml (2 c. à soupe) sucre
60 ml (1/4 tasse) sauce piquante au choix
(sriracha, piri-piri, sambal oelek, etc.)
15 ml (1 c. à soupe) épices à steak

PRÉPARATION

Dans un grand bol, mélanger tous les ingrédients. Laisser mariner au réfrigérateur au moins 2 heures.

Placer le poulet sur une plaque huilée allant au four et cuire à 200°C (400°F) pendant 20 minutes. Retourner les ailes et continuer la cuisson 20 minutes. Retourner les ailes une dernière fois et continuer la cuisson 20 minutes.

Servir les ailes accompagnées d'un peu de crème sure aromatisée à la poudre d'oignon et aux fines herbes de votre choix.

LE ROSBIF CLASSIQUE

6 PORTIONS

Préparation : 0h10
Cuisson : 1h15

INGRÉDIENTS

1 oignon, ciselé
4 branches de thym frais, effeuillées
30 ml (2 c. à soupe) moutarde de Dijon
15 ml (1 c. à soupe) sauce Worcestershire
Sel et poivre
1 rôti de bœuf d'environ 2 kg (4 1/2 lb)
30 ml (2 c. à soupe) huile végétale
125 ml (1/2 tasse) vin rouge
250 ml (1 tasse) eau

PRÉPARATION

Dans un bol, combiner l'oignon, le thym, la moutarde, la sauce Worcestershire, le sel et le poivre. Frotter le rôti avec ce mélange. Placer le rôti dans un plat allant au four, arroser d'huile végétale, et verser le vin rouge et l'eau autour.

Placer 15 minutes au four à 230°C (450°F). Réduire la température du four à 150°C (300°F) et continuer la cuisson pendant 50 minutes. Arroser le rôti toutes les 30 minutes avec son jus de cuisson.

La température interne doit atteindre 55°C (130°F) au cœur du rôti. À la sortie du four, couvrir de papier d'aluminium et laisser reposer la viande 10 à 15 minutes avant de servir.

 **LE SAVIEZ-VOUS?**

Le rosbif, ou *roast beef* en anglais, est un plat anglais traditionnel à base de bœuf rôti au four. En France, par dérivé, on appelle donc péjorativement les Anglais des « rosbifs ».

LAPIN RÔTI EXQUIS

2 À 4 PORTIONS

TRUC DÉCADENT

Pour une sauce d'accompagnement onctueuse, récupérez le jus de cuisson du lapin. Ajoutez-y 60 ml (1/4 tasse) de crème 35 % et le jus de 1/2 citron. Assaisonnez et nappez la viande de la sauce avant de servir.

LE SAVIEZ-VOUS?

Découper un lapin entier :

1. Couper le lapin en deux à la jonction des côtes et du râble;

2. Séparer les deux cuisses arrières du râble;

3. Découper le râble en trois morceaux égaux;

4. Séparer les deux pattes avant de la cage thoracique.

On obtient sept morceaux : deux cuisses, trois morceaux de râble et deux pattes avant.

Marinade : 2h00 à 12h00
Préparation : 0h30
Cuisson : 0h45

INGRÉDIENTS POUR LA MARINADE AUX TOMATES SÉCHÉES

15 ml (1 c. à soupe) vinaigre de Xérès
4 gousses d'ail
4 filets d'anchois
4 oignons verts
8 tomates séchées
15 ml (1 c. à soupe) moutarde de Dijon
80 ml (1/3 tasse) huile d'olive
Sel et poivre
5 ml (1 c. à thé) sucre

INGRÉDIENTS POUR LE LAPIN

1 lapin, découpé en 7 morceaux (voir « Le saviez-vous? »)
350 g (14 tranches) bacon (lard fumé maigre)

PRÉPARATION

Au robot, combiner tous les ingrédients de la marinade. Dans un bol, mélanger les morceaux de lapin à la marinade. Couvrir et placer au réfrigérateur de 2 à 12 heures.

Sur une surface de travail, rouler chaque pièce de lapin enduite de marinade dans deux tranches de bacon. Disposer les pièces de viande dans un plat à rôtir en prenant soin de déposer le côté avec l'extrémité du bacon vers la plaque. Cuire 45 minutes à 175°C (350°F). Servir.

MORUE RÔTIE AUX PALOURDES

4 PORTIONS

Préparation : 0h15
Cuisson : 0h20

INGRÉDIENTS POUR LA MORUE

1 filet de morue de 800 g (2 lb) avec la peau
Sel et poivre
15 ml (1 c. à soupe) farine
30 ml (2 c. à soupe) huile d'olive

INGRÉDIENTS POUR LA SAUCE AUX PALOURDES

15 ml (1 c. à soupe) beurre
2 échalotes, ciselées
20 palourdes, nettoyées
125 ml (1/2 tasse) vin blanc
125 ml (1/2 tasse) crème 35 % (entière)
8 feuilles d'oseille fraîche, émincées finement
Sel et poivre

PRÉPARATION

Bien assaisonner le filet de morue côté chair. Saupoudrer la peau de farine en prenant soin d'en retirer l'excédent. Placer le filet côté chair sur une plaque allant au four légèrement huilée. Huiler aussi légèrement la peau du poisson. Mettre 20 minutes au four à 200°C (400°F).

Pendant ce temps, dans une grande casserole, faire fondre le beurre et faire revenir les échalotes 3 à 4 minutes. Ajouter les palourdes, le vin blanc et la crème. Couvrir et cuire 5 à 6 minutes. Lorsque les palourdes commencent à s'ouvrir, ajouter l'oseille et assaisonner. Lorsque les palourdes sont complètement ouvertes, retirer la sauce du feu.

Servir le poisson rôti nappé de sauce aux palourdes.

LE SAVIEZ-VOUS?

Autrefois, les marins d'Europe du nord appliquaient de l'huile de foie de morue sur leur peau pour se protéger du soleil.

POMMES DE TERRE RÔTIES

4 PORTIONS

TRUC DÉCADENT

N'hésitez surtout pas à servir ces pommes de terre avec une délicieuse mayonnaise maison. Vous pouvez aussi remplacer les pommes de terre par des bâtonnets de patate douce, mais abstenez-vous alors d'ajouter du sucre à la recette!

LE SAVIEZ-VOUS?

Les plus anciennes traces de pomme de terre cultivée ont été retrouvées dans les Andes et datent de 8000 av. J.-C. Ce n'est pourtant qu'au XVIe siècle que la pomme de terre fut introduite en Europe à la suite de la découverte des Amériques.

Préparation : 0h10
Cuisson : 0h30

INGRÉDIENTS

6 pommes de terre Yukon Gold, coupées en quartiers
60 ml (1/4 tasse) huile d'olive
5 ml (1 c. à thé) paprika doux
5 ml (1 c. à thé) origan séché
2 ml (1/2 c. à thé) poivre noir moulu
Zeste de 1 citron
2 ml (1/2 c. à thé) piment de Cayenne
5 ml (1 c. à thé) sel
5 ml (1 c. à thé) sucre

PRÉPARATION

Dans un grand bol, combiner tous les ingrédients.

Étaler le tout sur une plaque allant au four recouverte de papier parchemin. Cuire 30 minutes au four à 200°C (400°F). Servir.

LE PORC & SES POMMES DE TERRE JAUNES

6 PORTIONS

Préparation : 0h20
Cuisson : 3h00

INGRÉDIENTS

1 rôti d'échine de porc ficelé d'environ 1,5 kg (3 1/2 lb)
4 gousses d'ail
30 ml (2 c. à soupe) sucre
15 ml (1 c. à soupe) sel
2 ml (1/2 c. à thé) poivre noir moulu
15 ml (1 c. à soupe) moutarde en poudre
15 ml (1 c. à soupe) huile végétale
4 pommes de terre Yukon Gold, pelées et coupées en 6

PRÉPARATION

Inciser légèrement le rôti de porc afin d'y insérer les gousses d'ail.

Dans un petit bol, combiner le sucre, le sel, le poivre, la moutarde et l'huile végétale. Bien frotter le rôti avec ce mélange.

Placer le rôti dans une cocotte. Couvrir et cuire 2 heures au four à 150°C (300°F).

Retirer le couvercle. Placer les pommes de terre dans le gras de cuisson du rôti et continuer la cuisson à découvert pour 1 heure à 175°C (350°F). Servir.

LE RÔTI DE PALETTE MARINÉ AU VIN ROUGE

6 PORTIONS

Marinade : 6h00 à 12h00
Préparation : 0h10
Cuisson : 4h00

1 rôti de palette de 1,5 kg (3 1/2 lb)

INGRÉDIENTS POUR LA MARINADE AU VIN ROUGE

1 oignon, coupé en rondelles
2 branches de romarin, effeuillées
2 gousses d'ail, émincées
125 ml (1/2 tasse) vin rouge
30 ml (2 c. à soupe) vinaigre de vin rouge
15 ml (1 c. à soupe) sucre
2 ml (1/2 c. à thé) poivre noir moulu
60 ml (1/4 tasse) huile d'olive
2 ml (1/2 c. à thé) sel

PRÉPARATION

Dans un contenant, mélanger tous les ingrédients de la marinade. Déposer le rôti de palette dans la marinade, couvrir et réfrigérer pour 6 à 12 heures.

Placer le rôti dans un plat allant au four. Arroser de la marinade. Couvrir et mettre au four à 150°C (300°F) pendant 4 heures. Servir.

ÉPAULE D'AGNEAU, CITRON & OLIVES

4 PORTIONS

Préparation : 0h15
Cuisson : 3h00

INGRÉDIENTS

15 ml (1 c. à soupe) moutarde de Dijon
30 ml (2 c. à soupe) cassonade (sucre brun)
5 ml (1 c. à thé) sel
2 ml (1/2 c. à thé) poivre noir moulu
1 épaule d'agneau avec l'os
1 tête d'ail, coupée en 2
4 branches de romarin
1 citron, coupé en 2
125 ml (1/2 tasse) vin blanc
250 ml (1 tasse) petites olives noires

PRÉPARATION

Dans un petit bol, combiner la moutarde, la cassonade, le sel et le poivre. Badigeonner la viande de ce mélange.

Dans un plat allant au four, former un petit nid avec les moitiés de tête d'ail, les branches de romarin et les demi-citrons. Déposer l'épaule sur ces ingrédients. Verser le vin blanc et les olives autour de l'épaule.

Couvrir et cuire 2 heures au four à 150°C (300°F). Retirer le couvercle et continuer la cuisson pendant 1 heure. Servir la viande avec son jus.

PATATES DOUCES, POMMES & PACANES

4 PORTIONS

Préparation : 0h10
Cuisson : 0h25

INGRÉDIENTS

1 grosse patate douce, pelée et coupée en cubes de 2 cm (1 po)
2 pommes, coupées en cubes de 2 cm (1 po)
5 ml (1 c. à thé) cumin
30 ml (2 c. à soupe) vinaigre de cidre
60 ml (1/4 tasse) jus de pomme 100 % naturel
30 ml (2 c. à soupe) beurre, fondu
Sel et poivre
60 ml (1/4 tasse) pacanes (noix de pécan), hachées grossièrement
60 ml (1/4 tasse) persil frais, haché

PRÉPARATION

Dans un grand bol, combiner tous les ingrédients à l'exception des pacanes et du persil. Mélanger et assaisonner.

Étaler le mélange sur une plaque allant au four recouverte de papier parchemin.

Cuire 20 minutes au centre du four à 200°C (400°F). Retirer du four. Ajouter les pacanes, remuer et remettre au four pour 5 minutes. Saupoudrer de persil haché et servir.

TRUC DÉCADENT

Voilà l'accompagnement parfait pour le porc orloff (voir recette page 044)!

PILONS DE POULET TANDOURI

4 PORTIONS

LE SAVIEZ-VOUS?

Le terme «tandouri» vient du mot hindi «tandoor» qui désigne un four cylindrique en terre cuite traditionnellement utilisé pour faire cuire le poulet tandouri. La température d'un tandoor peut atteindre jusqu'à 485°C (903°F).

Marinade : 4h00 à 12h00
Préparation : 0h40
Cuisson : 0h30

8 pilons de poulet

INGRÉDIENTS POUR LA MARINADE TANDOURI

125 ml (1/2 tasse) yogourt nature
Jus de 1 citron
60 ml (1/4 tasse) huile d'olive
30 ml (2 c. à soupe) épices tandouri du commerce
5 ml (1 c. à thé) colorant alimentaire rouge

INGRÉDIENTS POUR LE CHUTNEY DE MANGUE

15 ml (1 c. à soupe) huile végétale
1 gousse d'ail, hachée
2 cm (1 po) gingembre frais, pelé et haché
1 mangue, pelée et coupée en cubes de 1 cm (1/2 po)
60 ml (1/4 tasse) sucre
60 ml (1/4 tasse) vinaigre blanc
1 bâton de cannelle
2 clous de girofle
1 pincée de piment fort broyé
Sel et poivre

PRÉPARATION

Dans un bol, combiner les pilons de poulet aux ingrédients de la marinade. Bien mélanger et laisser reposer au réfrigérateur au moins 4 heures.

Pour le chutney, dans une petite casserole, chauffer l'huile et faire revenir l'ail et le gingembre 2 à 3 minutes. Ajouter tous les autres ingrédients. Couvrir et cuire 15 minutes à feu doux. Retirer le couvercle et cuire 10 à 15 minutes ou jusqu'à l'obtention d'un chutney consistant. Refroidir avant de servir.

Placer les morceaux de poulet sur une plaque légèrement huilée allant au four. Cuire 30 minutes au four à 200°C (400°F). Servir les pilons accompagnés de chutney de mangue et de riz ou de pain naan.

LES POMMES DE TERRE HASSELBACK

4 PORTIONS

Préparation : 0h45
Cuisson : 1h25

INGRÉDIENTS

4 pommes de terre Russet, pelées
15 ml (1 c. à soupe) beurre, fondu
30 ml (2 c. à soupe) crème 35 % (entière)
30 ml (2 c. à soupe) parmesan frais, râpé
15 ml (1 c. à soupe) thym frais, haché
1 ml (1/4 c. à thé) sel de mer
Poivre noir moulu

PRÉPARATION

Couper une fine tranche à la base de chacune des pommes de terre pour les stabiliser. Insérer une brochette sur toute la longueur à environ 1 cm (1/2 po) de la base de la pomme de terre pour éviter de couper trop profondément.

Sur chaque pomme de terre, faire des incisions perpendiculaires à la brochette à 2 mm d'intervalle. Retirer ensuite les brochettes et immerger les pommes de terre dans l'eau. Tremper pour au moins 30 minutes. Égoutter et rincer abondamment les pommes de terre.

Sécher les pommes de terre et les placer sur une plaque allant au four. Mettre 15 minutes au four à 175°C (350°F). Badigeonner de beurre et remettre au four pour 40 minutes.

Dans un petit bol, combiner la crème, le parmesan, le thym, le sel et le poivre. Badigeonner les pommes de terre de nouveau avec ce mélange. Remettre au four pour 30 minutes. Servir.

LE SAVIEZ-VOUS?

Cette recette tiendrait son nom d'un restaurant de Stockholm, le Hasselbacken, qui aurait été le premier à servir les pommes de terre ainsi apprêtées au XVIIIe siècle. Aujourd'hui, on retrouve ce classique à bien des tables en Suède et à travers le monde.

PINTADE AUX LENTILLES GOURMANDES

4 PORTIONS

Préparation : 0h30
Cuisson : 1h00

INGRÉDIENTS

1 pintade entière
15 ml (1 c. à soupe) huile végétale
Sel et poivre
1 oignon, ciselé
2 carottes, coupées en cubes de 1 cm (1/2 po)
250 ml (1 tasse) lardons de 1 cm (1/2 po)
30 ml (2 c. à soupe) huile d'olive
250 ml (1 tasse) lentilles du Puy
250 ml (1 tasse) fond de veau
125 ml (1/2 tasse) crème 35 % (entière)

PRÉPARATION

Frotter toute la peau de la pintade avec un peu d'huile végétale. Assaisonner. Placer la pintade dans un plat allant au four. Garnir de l'oignon, des carottes et des lardons. Arroser légère-ment les légumes d'huile d'olive. Mettre 30 minutes au four à 175°C (350°F).

Porter une casserole d'eau salée à ébullition. Verser les lentilles et laisser mijoter 20 minutes à feu doux. Égoutter et réserver.

Arroser la pintade du jus de cuisson. Verser les lentilles, le fond de veau et la crème autour de la pintade, puis bien remuer la garniture. Continuer la cuisson 30 minutes au four à 200°C (400°F). Découper la pintade et servir avec sa garniture.

TRUC DÉCADENT

Ajoutez du fromage bleu au mélange de lentilles au moment d'y incorporer la crème.

LE SAVIEZ-VOUS?

Traditionnellement cultivée sans engrais ni irri-gation, la Lentille Verte du Puy – une appellation d'origine protégée (AOP) – a longtemps été sur-nommée « le caviar du pauvre », car elle est très appréciée des chefs et des gourmets.

VIVANEAU, TOMATES & FENOUIL

4 PORTIONS

Préparation : 0h10
Cuisson : 0h25

INGRÉDIENTS

1 vivaneau entier, écaillé
4 branches d'aneth frais
4 tomates italiennes, coupées en 2
1 fenouil, coupé en 2 et émincé
1 citron, coupé en tranches de 0,5 cm (1/4 po)
3 gousses d'ail, émincées
15 ml (1 c. à soupe) sucre
Sel et poivre
80 ml (1/3 tasse) huile d'olive

PRÉPARATION

Badigeonner une plaque allant au four d'un peu d'huile. Placer le poisson entier au centre.

Disposer les branches d'aneth dans le ventre du poisson, et les demi-tomates autour du poisson.

Placer le fenouil et les tranches de citron sur le poisson. Saupoudrer le tout d'ail et de sucre. Assaisonner et arroser d'huile d'olive.

Cuire 20 minutes au four à 200°C (400°F). Mettre le four à gril et cuire 3 à 5 minutes. Retirer le plat lorsque le fenouil est légèrement coloré. Servir.

LE SAVIEZ-VOUS?

Certains vivaneaux peuvent peser jusqu'à 15 kg (33 lb), mais le poids moyen de ce poisson varie plutôt entre 1,5 kg (3 1/2 lb) et 4 kg (9 lb).

POITRINE DE VEAU GARNIE

8 PORTIONS

Préparation : 0h25
Cuisson : 1h50

INGRÉDIENTS

15 ml (1 c. à soupe) huile d'olive
2 gousses d'ail, hachées
1,5 l (6 tasses) bébés épinards
1 poitrine de veau de 2 kg (4 1/2 lb), bien dégraissée
250 ml (1 tasse) pesto aux tomates séchées du commerce
ou 10 tomates séchées, hachées
125 g (8 tranches) prosciutto
200 g (7 oz) fromage de chèvre
Sel et poivre
30 ml (2 c. à soupe) huile végétale
500 ml (2 tasses) fond de veau
2 branches de romarin

PRÉPARATION

Dans une poêle, chauffer l'huile d'olive et faire revenir l'ail 1 minute. Ajouter les épinards et cuire 1 minute afin de les faire tomber. Réserver.

Sur une surface de travail, étendre la poitrine de veau. Badigeonner la face intérieure de la poitrine de pesto aux tomates séchées. Déposer les tranches de prosciutto côte à côte sur le pesto. Disposer le fromage de chèvre et les épinards en une ligne sur les tranches de prosciutto, à environ 8 cm (3 po) du côté. Rouler la poitrine sur elle-même en commençant du côté de la garniture pour bien l'emprisonner à l'intérieur. Ficeler le rôti. Assaisonner et arroser d'huile végétale. Placer dans un plat allant au four. Verser le fond de veau, ajouter les branches de romarin dans le jus et cuire au four à 200°C (400°F) pendant 1 h 40 min. Arroser la viande de son jus toutes les 20 minutes.

À la sortie du four, couvrir de papier d'aluminium et laisser reposer la viande 10 minutes. Découper et servir avec le jus de cuisson.

CARRÉ D'AGNEAU DU MAGHREB

4 PORTIONS

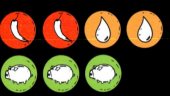

Marinade : 1h00
Préparation : 0h15
Cuisson : 0h25

2 carrés d'agneau
30 ml (2 c. à soupe) huile végétale

INGRÉDIENTS POUR L'ASSAISONNEMENT DU MAGHREB

10 ml (2 c. à thé) cumin
5 ml (1 c. à thé) paprika doux
5 ml (1 c. à thé) cardamome moulue
5 ml (1 c. à thé) cassonade (sucre brun)
2 ml (1/2 c. à thé) poivre noir moulu
1 ml (1/4 c. à thé) piment de Cayenne
2 ml (1/2 c. à thé) sel
5 ml (1 c. à thé) origan séché
2 ml (1/2 c. à thé) cannelle moulue
15 ml (1 c. à soupe) huile d'olive

INGRÉDIENTS POUR LA SAUCE POMME GRENADE

30 ml (2 c. à soupe) miel
125 ml (1/2 tasse) eau
Jus de 1 pomme grenade frais pressé
et quelques graines entières

PRÉPARATION

Par souci d'esthétisme, à l'aide d'un petit couteau, gratter chacun des os des carrés d'agneau afin d'en retirer toute la chair. Retirer l'excédent de gras et le nerf à la surface des carrés.

Dans un bol, combiner tous les ingrédients de l'assaisonnement. Frotter les carrés d'agneau avec l'assaisonnement afin de bien le faire pénétrer dans la chair. Laisser reposer au réfrigérateur pour au moins 1 heure.

Dans une grande poêle, chauffer l'huile à feu vif. Déposer les carrés d'agneau, le côté charnu dans l'huile. À l'aide de pinces, retourner les carrés uniquement lorsqu'ils sont bien colorés.

Dans un plat allant au four, verser tous les ingrédients de la sauce. Remuer. Placer les carrés dans le plat, la face charnue vers le haut. Cuire 15 minutes à 200°C (400°F). Laisser reposer 10 minutes avant de servir.

POULET PESTO DANS LA PEAU

4 PORTIONS

Marinade : 4h00
Préparation : 0h20
Cuisson : 0h45

4 cuisses de poulet

INGRÉDIENTS POUR LA MARINADE AU BABEURRE

375 ml (1 1/2 tasse) babeurre
30 ml (2 c. à soupe) moutarde de Dijon
Jus de 1 citron
5 ml (1 c. à thé) paprika doux
Sel et poivre

INGRÉDIENTS POUR LE PESTO À L'ESTRAGON

6 branches d'estragon
2 gousses d'ail
60 ml (1/4 tasse) chapelure
30 ml (2 c. à soupe) moutarde de Dijon
80 ml (1/3 tasse) huile d'olive

PRÉPARATION

Dans un grand contenant, mélanger tous les ingrédients de la marinade. Immerger délicatement les cuisses de poulet dans la marinade. Couvrir et placer au réfrigérateur pour un minimum de 4 heures.

Au robot, combiner tous les ingrédients du pesto.

Retirer les cuisses de la marinade. Glisser votre doigt sous la peau des cuisses de poulet. Étaler 15 ml (1 c. à soupe) de pesto sous la peau de chaque cuisse. Bien replacer la peau sur chaque pièce de viande.

Placer les cuisses de poulet sur une plaque allant au four légèrement huilée. Cuire 45 minutes au four à 175°C (350°F). Servir.

CÔTES LEVÉES DU SOLEIL LEVANT

4 PORTIONS

Marinade : 12h00
Préparation : 0h15
Cuisson : 2h00

INGRÉDIENTS POUR LES CÔTES LEVÉES

2 pièces de côtes levées
2 l (8 tasses) saumure à côtes levées (voir recette page 120)

INGRÉDIENTS POUR LA SAUCE ASIATIQUE

2 prunes, dénoyautées et coupées en 4
1 oignon
2 gousses d'ail
2,5 cm (1 po) gingembre frais, pelé
2 piments chili frais, épépinés
60 ml (1/4 tasse) sauce soja
60 ml (1/4 tasse) sauce hoisin
Sel et poivre

PRÉPARATION

Placer les côtes levées dans la saumure et réfrigérer pour un minimum de 12 heures.

Au robot, combiner tous les ingrédients de la sauce asiatique. Réserver.

Retirer les côtes levées de la saumure. Bien les sécher. Placer les côtes levées sur une grille dans un plat allant au four. Verser 2 cm (1 po) d'eau au fond du plat. Couvrir et cuire 1 heure au four à 150°C (300°F).

Retirer le couvercle, badigeonner généreusement les côtes de sauce asiatique et continuer la cuisson 1 heure à 175°C (350°F). Badigeonner les côtes de sauce toutes les 30 minutes.

Servir avec l'accompagnement de votre choix.

TRUC DÉCADENT

Utilisez cette sauce pour préparer de succulentes ailes de poulet asiatiques.

CHOU-FLEUR RÔTI, BEURRE & CIE

4 PORTIONS

Préparation : 0h10
Cuisson : 0h10

INGRÉDIENTS

1 chou-fleur
30 ml (2 c. à soupe) vinaigre de Xérès
80 ml (1/3 tasse) crème 35 % (entière)
125 ml (1/2 tasse) parmesan frais, râpé
Sel et poivre
30 ml (2 c. à soupe) beurre, fondu

PRÉPARATION

Découper le chou-fleur en bouquets de grosseur moyenne. Dans un bol, mélanger tous les ingrédients. Assaisonner et bien remuer.

Déposer les bouquets sur une plaque allant au four recouverte de papier parchemin. Cuire au centre du four sous le gril pendant 5 à 10 minutes ou jusqu'à ce que les bouquets soient tendres et bien dorés. Servir en accompagnement.

TRUC DÉCADENT

Remplacez le parmesan par du fromage comté pour renouveler cette délicieuse recette.

AGNEAU À LA BIÈRE NOIRE

4 PORTIONS

Préparation : 0h20
Cuisson : 2h30

INGRÉDIENTS

30 ml (2 c. à soupe) huile végétale
4 jarrets d'agneau
Sel et poivre
1 oignon, ciselé
2 gousses d'ail, hachées
341 ml (1 bouteille) bière noire
15 ml (1 c. à soupe) moutarde de Dijon
60 ml (1/4 tasse) sirop d'érable

PRÉPARATION

Dans une grande poêle, chauffer l'huile à feu vif et saisir les jarrets d'agneau. Assaisonner et déposer dans un plat allant au four. Faire revenir l'oignon et l'ail 2 à 3 minutes dans la même poêle. Déglacer à la bière et verser le tout sur les jarrets. Ajouter la moutarde et le sirop d'érable, et bien mélanger la sauce.

Mettre au four et cuire 2 h 30 min à 150°C (300°F). Arroser les jarrets de leur jus de cuisson toutes les 30 minutes. Servir avec des légumes rôtis.

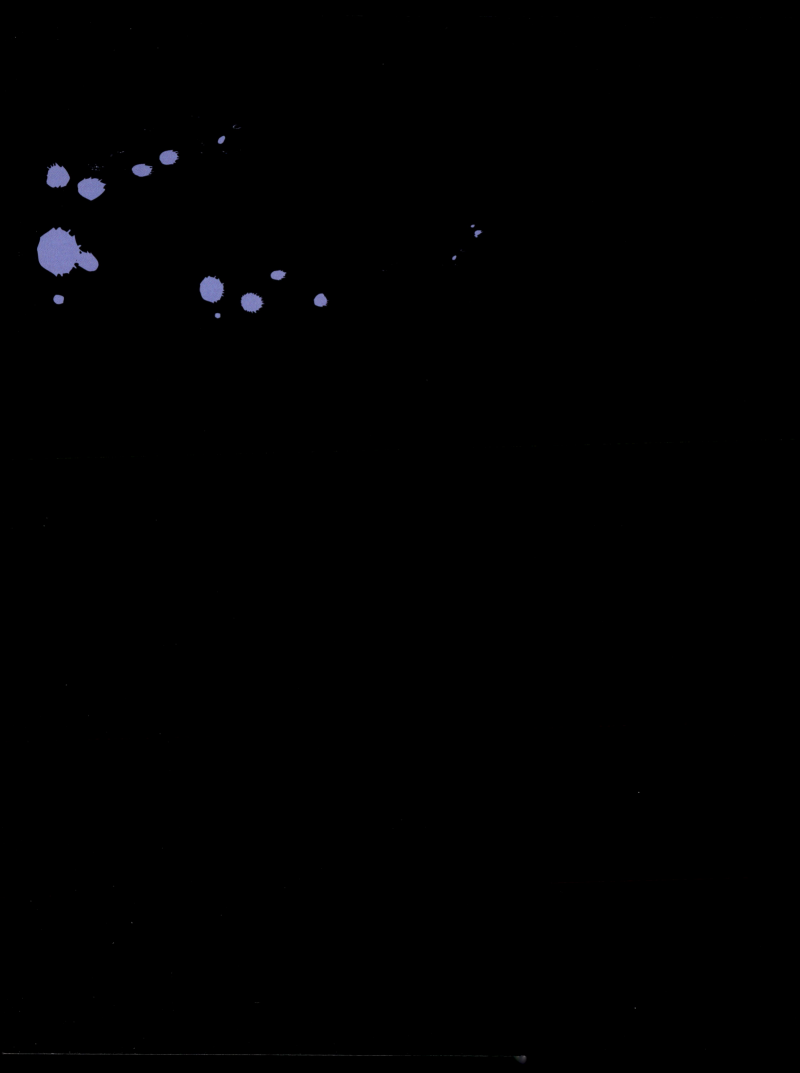

INDEX DES INGRÉDIENTS

INDEX DES MARINADES, LAQUES, SAUCES, ETC.

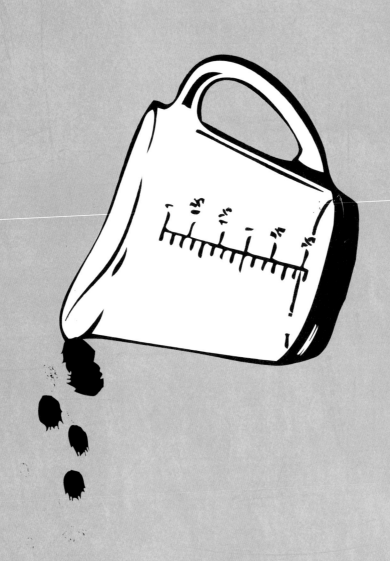

TABLE DE CONVERSION

1 dl .... 10 cl...................... 100 ml

1 cuillère à soupe.... 1 cuillère à table........ 15 ml

1 cuillère à thé........ 1 cuillère à café......... 5 ml

1 oz..................... 30 ml

1 tasse................. 250 ml

4 tasses............... 1 l

1/2 tasse·············· 125 ml

1/4 tasse.............. 60 ml

1/3 tasse.............. 80 ml

1 lb..................... 450 g

2 lb..................... 900 g

2,2 lb................... 1 kg

400°F.................. 200°C T/7

350°F.................. 175°C T/6

300°F.................. 150°C T/5

Conversion volume/poids des ingrédients
* Ces valeurs sont approximatives

---

1 tasse (250 ml) de fromage émietté......... 150 g

1 tasse (250 ml) de farine tout usage .... 115 g

1 tasse (250 ml) de sucre blanc.............. 200 g

1 tasse (250 ml) de sucre brun................. 220 g

1 tasse (250 ml) de beurre .... 230 g

1 tasse (250 ml) d'huile......................... 215 g

1 tasse (250 ml) de tomates en boîte........ 250 g

NOTES

60

DANS LA MÊME COLLECTION

LES **60** MEILLEURES
SALADES
DU MONDE... POINT FINAL.

LES **60** MEILLEURES
SAUCES POUR PÂTES
DU MONDE... POINT FINAL.

LES **60** MEILLEURS
BURGERS
DU MONDE... POINT FINAL.

LES **60** MEILLEURES
BOÎTES À LUNCH
DU MONDE... POINT FINAL.

LES **60** MEILLEURES
RECETTES POUR ÉTUDIANTS
DU MONDE... POINT FINAL.

LES **60** MEILLEURES
PIZZAS
DU MONDE... POINT FINAL.

LES **60** MEILLEURS
PLATS GRATINÉS
DU MONDE... POINT FINAL.

LES **60** MEILLEURS
PLATS FARCIS
DU MONDE... POINT FINAL.

LES 60 MEILLEURS
SMOOTHIES SANTÉ
DU MONDE... POINT FINAL.

LES 60 MEILLEURES
SOUPES
DU MONDE... POINT FINAL.

LES 60 MEILLEURS
PLATS MIJOTÉS
DU MONDE... POINT FINAL.

LES 60 MEILLEURS
DESSERTS
DU MONDE... POINT FINAL.

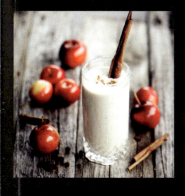

LES 60 MEILLEURS
BRUNCHS
DU MONDE... POINT FINAL.

LES 60 MEILLEURS
PLATS VÉGÉTARIENS
DU MONDE... POINT FINAL.

LES 60 MEILLEURES
BROCHETTES
DU MONDE... POINT FINAL.

LES 60 MEILLEURES
RECETTES FESTIVES
DU MONDE... POINT FINAL.

Découvrez les titres à venir et bien plus sur :
WWW.FACEBOOK.COM/LES60MEILLEURSDUMONDE